LA ESPERANZA DE MORIR

SCOTT HAHN

LA ESPERANZA DE MORIR

El significado cristiano de la muerte y resurrección del cuerpo

Segunda edición

EDICIONES RIALP
MADRID

Título original: *Hope to Die: The Christian Meaning of Death and the Resurrection of the Body*

Primera edición: marzo 2024
Segunda edición: febrero 2025

ISBN (edición impresa): 978-84-321-6669-3
ISBN (edición digital): 978-84-321-6670-9
ISNI: 0000 0001 0725 313X
Depósito legal: M-1044-2024

Impreso en España *Printed in Spain*

Estilo Estugraf, S. L. - Ciempozuelos (Madrid)

A Rob Corzine, amigo y confidente

Y a Fred y Molly Lou Hahn, Fred y
Mayme Hahn, R. Walker y Elmina Robb,
de entrañable recuerdo

Requiescat in pace

ÍNDICE

LA ÚLTIMA PASCUA DEL CRISTIANO

El sentido cristiano de la muerte es revelado a la luz del misterio pascual de la muerte y de la resurrección de Cristo, en quien radica nuestra única esperanza...

El día de la muerte inaugura para el cristiano, al *término de su vida sacramental*, la plenitud de su nuevo nacimiento comenzado en el Bautismo, la "semejanza" definitiva a "imagen del Hijo", conferida por la Unción del Espíritu Santo y la participación en el Banquete del Reino anticipado en la Eucaristía, aunque pueda todavía necesitar últimas purificaciones para revestirse de la túnica nupcial.

La Iglesia que, como Madre, ha llevado sacramentalmente en su seno al cristiano durante su peregrinación terrena, lo acompaña al término de su caminar para entregarlo "en las manos del Padre". La Iglesia ofrece al Padre, en Cristo, al hijo de su gracia, y deposita en la tierra, con esperanza, el germen del cuerpo que resucitará en la gloria.

Catecismo de la Iglesia católica § 1681-1683

INTRODUCCIÓN
LA RESPUESTA CONVENIENTE AL CUERPO

En 1982 prediqué mi primer sermón durante un funeral. Hacía poco que me había ordenado, mi abuela acababa de morir y mi familia quiso que yo presidiera la ceremonia. Muchos detalles de aquel funeral se han perdido en la noche de los tiempos. Pero hay un recuerdo que conservo con toda claridad.

Durante el sermón prediqué sobre las palabras de Jesús recogidas en Juan 11, 25: «Yo soy la resurrección y la vida». En un momento determinado, mencioné que el cuerpo de mi abuela –ese cuerpo que había vivido, trabajado y amado mientras estuvo vivo– algún día resucitaría. Aquel cuerpo muerto viviría. La carne que ya estaba empezando a descomponerse se transfiguraría y cobraría una vida más real y más gloriosa que la que había conocido sobre esta tierra.

Esta es la enseñanza tradicional de la Iglesia y una de las principales verdades expresadas en el credo apostólico: «Creo en... la resurrección de la carne y en la vida eterna». Es el credo que profesan tanto protestantes como católicos, y cuando mencioné aquello no me parecía estar diciendo nada sorprendente.

Aun así, una vez concluido el funeral, mi madre –una madre creyente y practicante– se me acercó y me dijo:

–En realidad no te lo crees ¿verdad?

–¿El qué? –le pregunté.

–Que estos cuerpos van a resucitar –me contestó.

En ese momento su escepticismo me dejó perplejo. Pero con el paso de los años me he dado cuenta de que no es la única. La mayoría de nosotros en realidad no cree en la resurrección del cuerpo. O nos cuesta creer en ella. Citando a san Agustín, el *Catecismo* constata esta dificultad al afirmar:

> Desde el principio, la fe cristiana en la resurrección ha encontrado incomprensiones y oposiciones. «En ningún punto la fe cristiana encuentra más contradicción que en la resurrección de la carne». Se acepta muy comúnmente que, después de la muerte, la vida de la persona humana continúa de una forma espiritual. Pero ¿cómo creer que este cuerpo tan manifiestamente mortal pueda resucitar a la vida eterna? (CCE 996).

Pienso que muchos creemos que, cuando lleguemos a la vida eterna o al día del juicio, tendremos un cuerpo nuevo. Lo que no acabamos de entender es que este cuerpo –este cuerpo frágil y mortal que come y duerme, que se acatarra y sangra– resucitará a la vida eterna. ¿No tiene Dios ningún material mejor con el que trabajar?

Sin embargo, eso es lo que dice el credo. Y en el griego original lo dice de un modo aún más explícito. Los primeros cristianos que compusieron el credo no emplearon el término griego que significa cuerpo, *soma,* sino *sarx,* la palabra utilizada para designar la *carne.* Creo en la resurrección de la carne: de esta carne, de mi carne, de mi carne cansada, envejecida e imperfecta. Creo que este cuerpo estará algún día ante el trono de Cristo y lo adorará junto con todos los ángeles y los santos. Pero, aunque muchos lo digamos, somos pocos los que vivimos en consecuencia.

Mientras vivimos no tratamos nuestros cuerpos como templos sagrados de las moradas celestiales: o bien abusamos de ellos –comiendo demasiado o demasiado poco, negándoles el sueño y el descanso, atiborrándolos de sustancias tóxicas o entregándolos a fines inmorales–, o bien les rendimos culto –haciendo cuanto está en nuestra mano para reproducir algún ideal cultural–. Y a veces combinamos las dos cosas, empeñándonos en mantener a raya las señales de la debilidad y el envejecimiento físicos. Prácticamente cualquiera admitiría que la muerte es el mal por antonomasia.

Pero, cuando la muerte llega inexorablemente, ¿cómo tratamos esos cuerpos?

Hoy en día somos cada vez más los que los incineramos. No enterramos nuestros cuerpos. No los tratamos como hacían nuestros antepasados, con respeto y delicadeza, sino que aniquilamos la carne con el fuego, trituramos los huesos que se resisten a las llamas y luego solemos esparcir los restos, destruyendo toda evidencia de que ese cuerpo –ese cuerpo sagrado en el que ha morado el Espíritu Santo– existió alguna vez.

Vivimos como materialistas. Morimos como nihilistas. Y ese es el problema.

Antes de continuar, me gustaría dejar claras un par de cosas. En primer lugar, este libro no pretende ser una contribución más a las guerras culturales. Siento un profundo respeto hacia quienes defienden en el debate público la dignidad del cuerpo humano, la sacralidad de la vida del hombre y la realidad de nuestra sexualidad. Este libro da todo eso por sentado. Pero no lo he escrito para tomar parte en esos debates.

En segundo lugar, si estás leyendo este libro y alguno de tus seres queridos ha pasado por la cremación, no pienses que aquí estoy yo para reprocharle su decisión o para poner en tela de juicio su salvación. No. Dios no da por perdida a la gente que anda perdida en medio del mar o que ha sido incinerada. A día de hoy la Iglesia permite la cremación y yo no soy nadie para decir que está equivocada. Pero, al mismo tiempo, considero que la práctica de la cremación es un síntoma de un problema muy real: la manera de ver nuestros cuerpos tanto en la vida como en la muerte. Y esa manera de verlos tiene unas consecuencias.

La verdad central de la fe cristiana es que Jesucristo, Dios hecho hombre, ha resucitado. Como dice la poeta y mística francesa Madeleine Delbrêl de un modo tan espléndido, los primeros discípulos de Jesús salieron de Jerusalén

> no para anunciar alto y claro el amor universal que les enseñó Jesús, ni la justicia con los más pequeños [y] con los débiles y oprimidos… sino para anunciar primero y antes que nada que Jesucristo, ese hombre que fue nuestro amigo… a quien escupieron, vejaron, golpearon y

> azotaron; a quien torturaron entre risas y colgaron en una cruz; que se desangró y exhaló su último aliento con un gemido; cuyo cuerpo se enfrió en la cruz [y] de cuya muerte no cupo ninguna duda... ese Jesucristo ha resucitado[1].

Esto es lo que distingue al cristianismo de muchas otras religiones. El hinduismo predica la compasión. El budismo anima a la gente a obrar caritativamente. El islam ordena adorar al único Dios verdadero.

Pero solo el cristianismo afirma que aquel a quien seguimos *es* Dios que se hizo hombre, que caminó en medio de nosotros, padeció y murió en una cruz, y que resucitó de entre los muertos *con el mismo cuerpo*: un cuerpo que conservaba las señales de los clavos y de la lanza.

Y eso no es todo. El cristianismo afirma también que quien cree en ese hombre resucitado seguirá su mismo camino. Padeceremos. Moriremos. Y resucitaremos. Lo que le ocurrió a su cuerpo les ocurrirá a los nuestros. Lo seguiremos adonde ha ido: en espíritu y en carne.

Esta creencia lo cambia todo. Lo *ha cambiado* todo. Como dice la autora católica Patricia Snow:

> De la verdad primaria de la resurrección... surge la verdad secundaria: la moralidad de cuanto afecta a la persona humana. Todo lo que enseñó Jesús y aprueba la modernidad occidental –el respeto al prójimo y a los niños, a los marginados y a los oprimidos– y todo lo que enseñó Jesús y a lo que se opone la modernidad –por ejemplo, la importancia de la pureza sexual como algo

---

[1] Madeleine Delbrêl. *Nous autres, gens des rues*. París, Seuil, 1966.

> inseparable de la salud espiritual– se deduce en último término, cuando no de forma inmediata, de la revelación de la resurrección... Si el hombre es inmortal en su totalidad, la moral que se deduce es comprehensiva. Si en definitiva la religión es solamente espiritual –si el cuerpo no es más que un recurso temporal y solo perdura el alma–, todo está permitido[2].

De la doctrina de la Resurrección nació una moral. Y de la moral nació una cultura. Miguel Ángel y Fray Angélico, Bach y Mozart, Shakespeare y Mendel: el arte, la música, la literatura, la ciencia... Todo lo que consideramos grande se fundamenta en la idea de que el hombre está destinado a algo más, en cuerpo y alma, y de que ese destino del hombre hace del mundo –su hogar– algo sagrado. Hace sagrada la materia. Hace sagrada la vida.

No obstante, en el occidente poscristiano de hoy la verdad que en su día parecía evidente va cayendo rápidamente en el olvido. Hemos olvidado para qué han sido hechos nuestros cuerpos. Hemos olvidado para quién han sido hechos. Y ese olvido se manifiesta en la manera de vivir, en la manera de morir y en el trato que damos a los difuntos.

La respuesta conveniente

La nueva evangelización –la misión de la Iglesia de reevangelizar lo descristianizado– es un combate que

---

[2] Patricia Snow. «The Body and Christian Burial: The Question of Cremation». *Communio* 39 (otoño 2012), pp. 398-412.

hay que librar en muchos frentes. Su éxito exige una catequesis constante sobre cualquier aspecto de la vida humana: desde cómo rendimos culto y cómo rezamos hasta cómo amamos, comemos y trabajamos, y *–no menos importante–* cómo enterramos a nuestros difuntos.

El trato que damos a nuestros cuerpos no es una cuestión sin importancia. Y no porque Dios no sea capaz de solucionar lo que hagamos con ellos –que lo es–, sino porque nuestro modo de ver la muerte, de hablar de la muerte y de tratar a los difuntos es una manera de dar testimonio. Es un testimonio para un mundo materialista y nihilista radicalmente confundido acerca de la santidad de nuestros cuerpos y de la vida a la que hemos sido destinados. No estamos hechos para la muerte. Estamos hechos para la vida.

El objetivo de este libro consiste en ayudarte a entender esto. En ayudarte a profundizar en la lógica que sustenta la enseñanza de la Iglesia en torno a la muerte y al cuerpo –la lógica del amor– para que puedas comprender por qué siempre –también hoy– la Iglesia anima a los católicos a enterrar a los difuntos en lugar de incinerarlos. No es obligatorio enterrar a los difuntos. La Iglesia lo ha dejado claro. Pero sí es recomendable. Y eso también lo ha dejado claro. En este libro examinaremos por qué lo conveniente es enterrar a los difuntos y por qué entender esa «conveniencia» tiene implicaciones que van mucho más allá del mero hecho de qué hacer con nuestros cuerpos una vez que la vida los ha dejado.

Al mismo tiempo, te proporcionaremos las herramientas que necesitas para compartir con tus seres queridos esta visión de la muerte y del cuerpo.

Con mucha frecuencia, las conversaciones más decisivas en torno a la fe surgen en uno de estos tres momentos de la vida: el nacimiento, el matrimonio y la muerte. Los nacimientos nos abren el corazón y nos ayudan a entender que nuestros cuerpos son mucho más de lo que pensábamos, y que la sexualidad tiene mucho más poder del que le atribuimos. Con las bodas ocurre algo parecido: nos muestran que el amor es mucho más poderoso, hermoso y exigente de lo que imaginábamos. ¿Y la muerte? La muerte nos enseña que somos más frágiles de lo que pensábamos –somos mortales– y que tiene que haber algo más. Tiene que existir un amor más fuerte que la muerte. Un amor así es el anhelo más hondo de cualquier corazón. Es el amor para el que hemos sido creados. Y, cuando la vida se acerca a su término, ese anhelo de nuestro corazón no disminuye, sino que es aún mayor.

Ojalá este libro te ayude a mantener conversaciones más profundas y más provechosas con tus seres queridos cuando les llegue alguno de estos momentos.

Pero empecemos por el principio. Si queremos entender que hemos sido hechos para la vida y no para la muerte, primero tenemos que saber qué es la vida y qué es la muerte.

1. LA VIDA Y LA MUERTE

CUANDO MI HIJA HANNAH iba al instituto, le fascinaban los zombis. Yo era incapaz de entenderlo. Y, para ser sincero (ya me perdonarás, Hannah), me parecía un poco raro. Más tarde empecé a darme cuenta de que no era la única. No había más que ver el éxito televisivo de *The Walking Dead*, de novelas *best-seller* como *Guerra mundial Z*, y hasta de una película titulada *Orgullo y prejuicio y zombis* (que, por supuesto, ni he visto ni puedo siquiera imaginar).

Nuestra cultura lleva cerca de unos quince años obsesionada con la idea de los muertos vivientes. Y, aunque al principio esa obsesión podía parecer «rara», en realidad esconde algo: algo más allá de la sangre y el gore. En el trasfondo de cualquier relato de zombis, desde *Zombi: guía de supervivencia* hasta *Zombis Party (Una noche... de muerte)*, lo que el autor se está preguntando son siempre dos cosas: qué significa vivir y qué significa morir.

No creo que sea una coincidencia que una película de culto de bajo presupuesto como *La noche de los muertos vivientes* (rodada cerca de mi ciudad natal de Pittsburgh), que inauguró el fenómeno zombi, se remonte a 1968: una época en la que todas las respuestas en torno a la vida y a la muerte que el cristianismo venía ofreciendo desde siempre cayeron repentinamente bajo sospecha.

No obstante, durante las últimas cinco décadas el mundo no solo se ha cuestionado las respuestas que ofrece el cristianismo, sino que las ha olvidado. La mayor parte del mundo, incluido el que en su día fue hondamente cristiano, ha dejado de saber qué entiende el cristianismo por vivir y morir. Ya no sabemos quiénes somos; y ese olvido cultural es una de las necesidades imperiosas que dan pie a la nueva evangelización.

Vamos a empezar a atender esa necesidad retrocediendo hasta el principio, hasta el Génesis, hasta la primera página de la historia de la vida y la muerte de la humanidad.

El aliento de vida

En todas las misas de los domingos rezamos el credo niceno. El credo está dividido en tres secciones: una dedicada al Padre, otra dedicada al Hijo y otra dedicada al Espíritu Santo. Al inicio de la tercera nos dirigimos al Espíritu Santo como «Señor y dador de vida». Lo de «Señor» está bastante claro: el Espíritu Santo es Señor porque es Dios, es una de las tres Personas divinas de la Santísima Trinidad. Pero ¿qué significa que es «dador de vida»?

La respuesta a esta pregunta nos la ofrece el libro del Génesis por dos vías.

En primer lugar, esto es lo que leemos en Génesis 1, 1-2: «Al principio creó Dios el cielo y la tierra. La tierra estaba informe y vacía; la tiniebla cubría la superficie del abismo, mientras el espíritu de Dios se cernía sobre la faz de las aguas».

Según este pasaje, el Espíritu Santo es dador de la vida física, de lo que los griegos llamaban *bios*. Es el poder del Espíritu Santo el que hace crecer los árboles, brotar las flores y latir nuestros corazones. Parafraseando el libro de los Hechos 17, 28, todo lo que vive, se mueve y existe lo hace gracias al Espíritu que da *bios*: la vida biológica natural.

Pero hay vidas y vidas... Es decir, hay *bios*... y hay *zoe*. *Zoe* es la palabra que los traductores del Antiguo Testamento al griego emplean en Génesis 2, 7: «Entonces el Señor Dios modeló al hombre del polvo del suelo e insufló en su nariz aliento de vida [*zoe*]; y el hombre se convirtió en ser vivo».

A diferencia de *bios*, *zoe* implica mucho más que la existencia física. Dios no se limita a insuflar aire en la nariz de Adán: le insufla *vida*: vida espiritual, vida eterna, vida divina. Insufla en Adán su propia vida. Le da a Adán la vida que desde toda la eternidad el Padre comunica al Hijo y el Hijo recibe y comunica a su vez al Padre[1]. Una vida tan plena, tan absoluta, que es una Persona: la tercera Persona de la Trinidad. Dios insufla su Espíritu en Adán, y eso permite a Adán vivir una vida que no es solo natural, sino sobrenatural.

[1] Ver CCE § 375: «La Iglesia, interpretando de manera auténtica el simbolismo del lenguaje bíblico a la luz del Nuevo Testamento y de la Tradición, enseña que nuestros primeros padres Adán y Eva fueron constituidos en un estado "de santidad y de justicia original" (Concilio de Trento: DS 1511). Esta gracia de la santidad original era una "participación de la vida divina" (LG 2)».

Desde el primer instante de su existencia, Adán, lleno de *zoe*, conoce a Dios íntimamente, familiarmente, como un hijo conoce a su padre. Y, además, se asemeja a Dios como un hijo se asemeja a su padre, aunque no con una semejanza física, sino espiritual e intelectual.

Dios hace a Adán a su imagen, lo que significa que Adán es capaz de razonar, de crear, de distinguir el bien del mal y de entregar su vida en y por amor a otro. También está dotado de unidad: de lo que san Agustín llama *memoria*. Dios es Tres, pero también es Uno. De modo semejante, aunque con el paso de los años Adán cambie de aspecto y piense y sienta de un modo diferente, sigue siendo el mismo Adán. Existe una unidad interna entre lo que fue en el pasado y lo que será en el futuro. La memoria mantiene unidos el pasado, el presente y el futuro en una sola persona.

Lleno de vida divina y creado a imagen de Dios, Adán es capaz de vivir realmente tanto natural como sobrenaturalmente, es decir, no solo es capaz de copular con Eva, sino también de *conocer* a Eva, de elegirla, amarla y cuidar de ella como su esposa.

Adán también es capaz no solo de engendrar hijos, sino de ser el *padre* de sus hijos: de ser el padre de Caín, de Abel y de Set de un modo semejante a como Dios es su padre.

Y lo más importante: Adán es capaz de adorar a Dios en espíritu y en verdad en esta vida y en la otra, de participar de la misma vida de Dios para toda la eternidad, recordando siempre sus dones y el cuidado que Dios le prodiga cada día de su vida.

Dios da a Adán la existencia, pero también le da la *vida*. Le da a Adán la capacidad de vivir una vida plenamente humana en el amor, la amistad, la familia y la comunidad. Y le da la capacidad de vivir una vida más que humana, una vida divina, con el Espíritu de Dios habitando en su alma.

Y entonces resulta que Adán va y pierde ese don de la vida divina para él y para todos sus descendientes.

La primera muerte

Una vez que se entiende la diferencia entre *bios* y *zoe*, las palabras que Dios dirige a Adán y a Eva en Génesis 2, 16-17 empiezan a cobrar algo más de sentido. Al establecer las normas básicas para vivir en el Edén, dice Dios: «Puedes comer de todos los árboles del jardín, pero del árbol del conocimiento del bien y el mal no comerás, porque el día en que comas de él, tendrás que morir».

El hebreo original pone un énfasis aún mayor en la palabra «morir». La traducción literal del pasaje es «morir de muerte».

Dios da la impresión de ir en serio. Muy en serio. Aun así, en el capítulo siguiente, Adán y Eva no se lo piensan dos veces y comen del árbol del que Dios les ha advertido que no coman… y no ocurre nada. Al menos aparentemente. No sienten náuseas ni se atragantan. No pierden el conocimiento. No caen fulminados.

Pero, cuando uno sabe que hay dos clases de vida –*bios* y *zoe*–, sabe también que hay dos clases de muerte: la muerte física y la muerte espiritual. Ese día, en el jardín del Edén, Adán y Eva no mueren físicamente, pero sí espiritualmente. Pierden algo mucho más valioso que la vida natural: pierden la vida sobrenatural, la vida divina, el don de la gracia santificante en el alma.

Si Adán no hubiera escuchado a su mujer, si hubiera replicado, si hubiera destapado las mentiras de la serpiente y se hubiese enfrentado a ella, quizá la serpiente lo habría atacado y él habría perdido la vida física, pero habría conservado el don más importante. No habría perdido la gracia santificante, el don de la filiación divina. Habría conservado la *zoe*.

Pero Adán no planta batalla y su error trae la muerte al mundo. Trae, en primer lugar, la muerte espiritual, privando de la gracia santificante no solo a él y a su mujer, sino a todos sus descendientes: a toda la raza humana. Eso es el pecado original; no es algo que hacemos: es algo que nos falta. Es la naturaleza humana privada de la vida divina. Y todo ser humano que nace hereda de sus padres esa naturaleza incompleta. Nacemos físicamente vivos, pero espiritualmente muertos.

La primera muerte va seguida de la segunda muerte. Después de traer al mundo la muerte espiritual, el pecado de Adán trae también la muerte física. No de manera inmediata, pero sí a la larga. Eso es lo que nos dice Pablo en Romanos 5, 12 cuando escribe: «Lo mismo que por un hombre entró el pecado en el mundo, y por el pecado la muerte, y así la muerte se propagó a todos los hombres, porque todos pecaron».

Esto suena al revés, como si la muerte la hubiera propagado el pecado. No obstante, si el pecado original es la pérdida de la vida divina, si los hombres no nacen depravados, pero sí privados de algo, entonces nacemos privados de la vida que estábamos destinados a poseer. Hablando en términos divinos, nacemos muertos. Y la muerte espiritual se propaga a toda la descendencia de Adán, que al nacer recibe la vida natural, pero no la vida divina. Y, como los que están espiritualmente muertos cometen pecados personales, se propaga la muerte física.

De nuestra naturaleza humana incompleta se sigue una vida incompleta: una vida que no es todo lo que estaba destinada a ser, ni natural ni sobrenaturalmente, ni física ni espiritualmente. La muerte física que experimenta la humanidad como consecuencia del pecado es como un contra-sacramento: un signo visible del estado invisible del alma incompleta, espiritualmente muerta.

Los muertos vivientes

Por desgracia, de Adán y Eva no solo hemos heredado una naturaleza humana incompleta. También hemos heredado la concupiscencia, la inclinación al pecado. La pérdida de la gracia por parte de Adán deja a todos sus descendientes una inteligencia oscurecida, una voluntad debilitada y unos afectos y unos apetitos desordenados.

Eso significa que a nosotros nos cuesta más que a Adán y a Eva antes de su caída conocer el bien, elegir el bien, hacer el bien e incluso querer el bien. El bautismo (del que hablaremos en el siguiente capítulo) restaura la vida de Dios en nuestras almas, pero no nos quita la inclinación al pecado. No restaura en nosotros la claridad de nuestra inteligencia, la fortaleza de nuestra voluntad ni la rectitud de deseo que tenían Adán y Eva al principio. Eso significa que, antes o después, todos pecamos. Elegimos nuestra voluntad en lugar de la de Dios.

Esta elección puede debilitar la vida de Dios en nuestra alma y, por lo tanto, hacernos más proclives a pecados mayores. O, si nuestras elecciones son lo suficientemente malas –e implican materia grave, conocimiento pleno y libre consentimiento–, pueden eliminar por completo la vida de Dios. En eso consiste el pecado mortal: es la muerte espiritual.

Hace poco, viendo la película de M. Night Shyamalan *El sexto sentido*, me llamó la atención lo que el joven protagonista, Cole, le dice a Malcolm, su psiquiatra: no es solo que vea muertos, sino que los muertos no saben que lo están, cosa que resulta mucho más llamativa. Ven lo que quieren ver. Escuchan lo que quieren escuchar. Ignoran la realidad de su propia muerte, aunque la tengan delante de sus narices.

Así es el mundo en el que vivimos. Solo que la gente que no sabe que está muerta no está físicamente muerta: está muerta espiritualmente. Algunos no están bautizados. Otros están bautizados, pero viven en pecado mortal. Pero los espiritualmente muertos se encuentran en todas partes: en nuestras calles y en nuestros colegios, en nuestros lugares de trabajo e incluso en nuestras parroquias.

Estamos rodeados de gente que no vive la vida para la que fue creada, en cuyas almas no habita la vida de Dios. Son muertos vivientes: a esa realidad apuntan todas las películas de zombis. Y no lo saben. Ven lo que quieren ver. Escuchan lo que quieren escuchar.

Es más: esa gente no está menos muerta que quienes han muerto físicamente pero viven en Cristo. Está *más* muerta. Está *más* muerta que los santos, *más* muerta que las almas del purgatorio. Como nos advierte Jesús, esa es la muerte que debemos temer: «No tengáis miedo a los que matan el cuerpo, pero no pueden matar el alma. No; temed al que puede llevar a la perdición alma y cuerpo en la gehenna» (Mt 10, 28).

Aun así, ya en el siglo VI san Julián, obispo de Toledo, comentaba que no son muchos los que tienen en cuenta esta advertencia:

> Todo hombre teme la muerte de la carne, y pocos la muerte del alma. A causa de la muerte de la carne, que sin lugar a dudas llegará en cualquier momento, todos toman precauciones para que no llegue: por eso se esfuerzan. El hombre que está destinado a la muerte se esfuerza para no morir; pero el que está llamado a vivir eternamente no hace nada por evitar el pecado. Y cuando se afana para no morir, se está esforzando sin causa; lo que hace, como mucho, diferirá la muerte, pero no la evitará. Sin embargo, si desprecia el pecado no se fatigará y vivirá para siempre. ¡Oh, si pudiésemos despertar a los hombres, y junto con ellos despertar (nosotros), para que seamos tan amantes de la vida que permanece cuanto lo son los hombres amantes de la vida que pasa![2].

Nos esforzamos por evitar la muerte que es inevitable, pero no por evitar la muerte que no lo es. No vemos, al revés que san Pablo, que «la vida es Cristo y el morir una ganancia» (Flp 1, 21). Para una vida llena de vida divina, la muerte del cuerpo es el principio de la verdadera vida, la vida para la que siempre fuimos creados. La muerte del alma en pecado –el pecado sin arrepentimiento– es el final de todo lo que siempre hemos anhelado.

---

[2] Julián de Toledo. *Pronóstico del mundo futuro* I, 11. Madrid, Ciudad Nueva, 2013, p. 61.

Los creadores de obras como *The Walking Dead* y *La noche de los muertos vivientes*, sin tener ni idea de lo que son la vida y la muerte, dan en el clavo. Una persona puede vivir y no estar viva. Una persona puede haber muerto y no estar muerta. Vivir es algo más que moverse, hablar y comer. Y morir es algo más que dejar de respirar.

En cada instante de cada día nos enfrentamos a una elección. Cuando elegimos a Dios –sus leyes, su voluntad y su camino–, elegimos la vida. Y, cuando nos elegimos a nosotros mismos –nuestras leyes, nuestra voluntad y nuestro camino–, elegimos la muerte.

Y esas elecciones no las hacemos como espíritus carentes de cuerpo: las hacemos en y a través de nuestros cuerpos, unos cuerpos capaces de albergar en ellos tanto la muerte como la vida.

2. EL CUERPO: EL SACRAMENTO DE LA PERSONA

UNA DE LAS MAYORES bendiciones de mi vida es haber podido estar sentado junto a mi padre cuando exhaló su último aliento. Al llegar al hospital a primera hora de la mañana, me encontré con que mi madre, que había pasado toda la noche a su lado. Ella se marchó a desayunar y yo ocupé su lugar. Aunque no estuvo fuera mucho rato, bastaron los veinte minutos que tardó en tomarse algo para que la respiración de mi padre se fuera haciendo cada vez más fatigosa y lenta, hasta acabar deteniéndose.

En realidad, la palabra adecuada no es «detenerse». Sería como decir que una sinfonía «se detiene». Las sinfonías no se detienen: concluyen con una nota nítida y resonante. No queda ninguna duda de que han llegado a su fin. Y eso fue lo que ocurrió con mi padre. Cuando cogió aire por última vez y exhaló su último aliento, no fue una respiración cualquiera. Era claramente la última. La vida se le fue de un modo casi audible. Su alma había abandonado su cuerpo.

En ese momento, roto de dolor, me arrodillé y me puse a rezar. Acababa de perder a mi padre y quería que el mundo entero dejase de girar. Le cerré los ojos y esperé a que volviera mi madre. Fue un momento desgarrador y, al mismo tiempo, una bendición. Quedarme junto a mi padre no generó en mí ningún desasosiego: fue bonito. Allí sentado, supe con la misma y absoluta certeza con que sabía mi nombre que estaba en presencia de algo sagrado: un cuerpo que había dado vida a mi propio cuerpo, un cuerpo devuelto a la vida mediante el bautismo, un cuerpo que algún día resucitaría.

El sacramento de la persona

Así es como la Iglesia nos invita a ver nuestros cuerpos, estén vivos o muertos. Pero, si no andamos precavidos, es fácil caer en la trampa en la que los seres humanos llevan miles de años cayendo de no ver en los cuerpos más que algo material, desechable, ajeno a nuestro auténtico y verdadero yo, y desconectado de nuestra alma.

Así veía su cuerpo en el siglo III a. C. Diógenes, el filósofo griego y medio loco de la Antigüedad, cuando manifestó ante sus seguidores su deseo de que, una vez muerto, lo arrojaran por encima de las murallas de la ciudad para que lo devorasen las fieras. Tal y como él lo veía, ¿de qué le iba a servir el cuerpo después de muerto? Es la misma noción de cuerpo que encierra el dicho popular (falsamente atribuido a C. S. Lewis): «Tú no tienes un alma: eres un alma. Lo que tienes es un cuerpo».

Pues no. Eres un alma, sí. Pero también eres un cuerpo. Eres las dos cosas porque eres una persona, y la Iglesia enseña que la persona humana es unión de cuerpo y alma. El alma anima el cuerpo, y el cuerpo –como decía de un modo espléndido el papa san Juan Pablo II– «expresa la persona». El cuerpo es el signo de la persona; o, más exactamente, es el sacramento de la persona. «Revela el alma viviente» haciendo visible lo invisible y permitiéndote comunicar al mundo quién eres: qué piensas, qué sientes, qué sabes, qué temes, deseas y amas[1].

Insisto: no es esa la idea que nuestro mundo tiene del cuerpo. Hoy día la mayoría de la gente, cuando piensa en el cuerpo, piensa en él como Diógenes o como el falso C. S. Lewis. No ven en él un propósito divino. No ven en él un sacramento. No es parte de quiénes somos: solo es algo que poseemos. Y, como tal posesión, el mundo nos dice que podemos tratarlo a nuestro antojo. Podemos rendirle culto o podemos abusar de él. Podemos cuidarlo o podemos descuidarlo. Podemos cambiarlo por medios cosméticos o remover cielos y tierra para evitar que cambie. Lo que hagamos con él, a quién lo entreguemos, intentar prolongar su existencia o ponerle punto final y, en definitiva, incinerarlo o enterrarlo es cosa nuestra. Cuando se priva al cuerpo –a la carne– de un propósito divino, todo vale.

Pero también en esto es sabia la Iglesia. La Iglesia sabe que el cuerpo posee el potencial de ser algo más que útil, algo más que bueno, algo más que hermoso. Sabe que el cuerpo posee el potencial de ser santo.

Esta santidad es, en cierto modo, algo natural en todo hombre y en toda mujer, porque nuestros

---

[1] Juan Pablo II. *Hombre y mujer lo creó. El amor humano en el plano divino.* Madrid, Cristiandad, 2000, p. 121.

cuerpos, igual que el resto de la creación, proclaman alguna verdad acerca de nuestro Creador. Así lo expresaba de un modo espléndido en el siglo XII santa Hildegarda de Bingen, doctora de la Iglesia, en el último libro de sus visiones, el *Libro de las obras divinas*, cuando decía que, al igual que «las monedas muestran la cara de su Señor»[2], así «Dios ha representado todas sus obras en la forma del hombre»[3].

Y prosigue considerando los distintos modos en que esto se cumple en el cuerpo del hombre:

> En la forma redonda del cerebro del hombre [Dios] enseña su dominio, porque el cerebro sustenta y gobierna todo el cuerpo, y en el pelo indica la potencia, que es un ornamento suyo, como el pelo adorna la cabeza. En las cejas de los ojos enseña su fuerza, porque las cejas son la protección de los ojos, destinados a alejar cuanto les pueda dañar y a enseñar la belleza del rostro [...]. En los ojos del hombre Dios enseña su ciencia, gracias a la que prevé y conoce con antelación todas las cosas. [...] En el oído, Dios le abre todos los sonidos de alabanza en los ocultos misterios de las filas angélicas, por los cuales recibe perpetuo loor[4].

Esto significa que la fuerza, la inteligencia, el poder y la belleza de nuestros cuerpos son un indicio de la fuerza, el poder, la inteligencia y la belleza de Dios. Su bondad da testimonio de la bondad de Dios. Su

---

2 Santa Hildegarda de Bingen. *Libro de las obras divinas*. Traducción y notas de Rafael Renedo, p. 177.

3 Ibid., p. 172.

4 Ibid.

capacidad de crear, construir y hacer crecer las cosas es un eco del Dios Creador de todo. Y en su capacidad de engendrar nueva vida nuestros cuerpos son imagen de un Dios que es amor dador de vida. Por todo ello, por dar testimonio de la Santísima Trinidad, nuestros cuerpos poseen una santidad natural.

Las consecuencias del pecado

Al principio de la historia de la humanidad no costaba nada percibir esa santidad natural. En el Edén, antes de la caída, Adán y Eva eran en cuerpo y alma semejantes a Dios, tal y como Dios quiso que fueran semejantes a Él. En su tratado *De la Encarnación* dice san Atanasio que así fue como Dios se reveló al hombre: «Era suficiente la gracia de existir a su imagen y semejanza para conocer al Dios Verbo y a través de él al Padre»[5].

Dios también concedió a Adán y a Eva tres dones que les ayudaran a perfeccionar su imagen en ellos. El primero es el don de la inmortalidad, lo que significa que sus cuerpos eran capaces de vivir para siempre y no morir nunca. El segundo es el don de la integridad: sus cuerpos estaban perfectamente sometidos a la razón, y no a las pasiones. Y el tercer don es el de la sabiduría infusa: sin necesidad de que nadie se lo enseñara, Adán y Eva conocían verdades acerca de ellos mismos y acerca de Dios que la mayoría de nosotros jamás conoceremos en esta vida, ni siquiera con ayuda de la Revelación Divina ni con años de estudios

---

[5] Atanasio. *La Encarnación del Verbo*. Madrid, Ciudad Nueva, 1989, p. 61.

teológicos. Adán y Eva conocían las verdades más profundas sobre ellos mismos y sobre Dios del mismo modo que el resto de los hombres respiramos.

Gracias a estos dones, Adán y Eva podían mirarse el uno al otro y ver a Dios. También podían contemplar las obras de la creación que los rodeaban y ver a Dios. Ellos no eran Dios. La creación no era Dios. Pero en el mundo que los rodeaba se hallaba encarnado en cierto modo quién era Dios y qué quería de ellos. Lo tenían constantemente delante de los ojos.

Como decíamos en el capítulo 1, por desgracia para nosotros, Adán y Eva cerraron los ojos. Eligieron ignorar lo que veían y apartarse de la voluntad de Dios. Y experimentaron en toda su persona, en el cuerpo y en el alma, las consecuencias de esa elección. En primer lugar, perdieron la vida divina en sus almas y se despidieron de los dones de integridad y sabiduría infusa. Y, a la larga, perdieron la vida física de sus cuerpos, porque su muerte espiritual les costó también el don de la inmortalidad. Con una razón incapaz de dominar sus pasiones y una inteligencia oscurecida por el pecado, Adán, Eva y sus descendientes ya no podían percibir claramente la imagen de Dios en sí mismos ni ser la imagen de Dios que estaban llamados a ser.

Eso no quiere decir que el hombre, en el cuerpo y en el alma, dejara de estar creado a imagen de Dios. El pecado no puede cambiar el hecho de que Dios nos haya creado a su imagen. Lo que quiere decir es que ya no actuamos conforme a esa imagen. El espejo ha quedado empañado por el pecado y, cuando lo miramos, la imagen de Dios que nos devuelve es sumamente pobre.

Para empeorar aún más las cosas, no podíamos limpiar ese espejo. Lo intentamos. Dios nos dio leyes destinadas a ayudarnos si las seguíamos: tanto la ley natural inscrita en los corazones de los hombres como la ley de la Antigua Alianza, grabada en piedra para los israelitas. Pero eran leyes que, dado nuestro estado de caída y privados de la gracia, no podíamos cumplir.

Cuanto más pecaba la humanidad, más se desfiguraba en ella la imagen de Dios, hasta que finalmente, para lograr lo que nosotros no podíamos hacer, Dios envió al redentor prometido en Génesis 3, 15: aquel que aplastaría la cabeza de la serpiente y acabaría con el poder de la muerte sobre nosotros. Ese redentor fue Jesucristo.

Como explica san Atanasio:

> ¿Qué debía suceder, excepto renovar otra vez el ser a su imagen, para que de nuevo a través de él pudieran conocerlo los hombres? Y ¿cómo habría podido suceder esto, si no se hubiera presentado la propia imagen de Dios, Jesucristo Salvador nuestro? Pues a través de los hombres no era posible, dado que también ellos mismos habían nacido a su imagen. Ni tampoco a través de los ángeles, pues ellos ni siquiera eran imágenes. Por lo cual el Verbo de Dios se presentó en su propia persona, para que la imagen del Padre pudiera recrear al hombre que existe a su imagen[6].

Las consecuencias de la Encarnación

Antes de continuar, es importante recordar que la promesa de Dios recogida en Génesis 3, 15 no fue un plan B para la creación. La prueba del fruto prohibido

[6] Atanasio, op. cit., p. 64.

del Edén no cogió a Dios por sorpresa la segunda semana de la creación. Y, una vez que los cuerpos inmortales de nuestros primeros padres se volvieron mortales, Dios no se vio obligado a maquinar un plan nuevo para redimir a la humanidad ni a pedirle favores a Dios Hijo.

Dios es eterno. Para Él no hay tiempo. Sabía qué sucedería en el Edén, y eso significa que el plan de salvación por el que la segunda Persona de la Trinidad vino al mundo para renovar la imagen de Dios en el hombre siempre fue un plan A.

Como dice san Atanasio, al hacerlo así, al hacerse hombre, al asumir la carne humana y la naturaleza humana, Jesús, el Hijo de Dios, «santificó el cuerpo»[7]. Igual que al descender al agua para dejarse bautizar por Juan Jesús santificó esas aguas, al descender a un cuerpo humano y hacerse hombre el Hijo de Dios santificó el cuerpo. Dotó de una dignidad nueva y aún mayor a la carne humana. Después de la Encarnación, el cuerpo no solo ha sido creado por Dios, sino que ha sido asumido por Él. Se ha unido a Dios. Esa unión confiere un valor nuevo a todo cuerpo humano.

Y nos proporciona una nueva noción del cuerpo humano y de por qué la persona humana es unión de cuerpo y alma, de materia y espíritu.

Antes de la Encarnación, la singularidad del hombre en medio del mundo –su existencia como la única criatura de la creación poseedora tanto de un cuerpo mortal como de un alma racional inmortal– era una incógnita. El hombre tenía carne, igual que los animales, y tenía espíritu, como los ángeles. En él se unían lo visible y lo invisible. Pero ¿por qué?

---

[7] Atanasio, op. cit., p. 72.

La venida de Jesús nos ofrece la respuesta a esta pregunta. Jesús no solo nos recuerda que hemos sido creados a imagen y semejanza de Dios, sino que nos muestra *la* imagen: Él mismo, modelo de lo que estamos llamados a ser. En Él vemos quién es realmente el hombre. Y vemos además que, si fuimos creados para ser como Él, también fuimos creados para que Él fuera como nosotros. El plan fue siempre que lo increado penetrara en lo creado de modo que lo creado pudiera penetrar en lo increado. Fuimos creados desde siempre para ser el nexo, el punto de conexión entre el cielo y la tierra, entre lo temporal y lo eterno, entre la creación y el Creador.

Y lo que es más importante: la Encarnación sentó las bases para conceder a todo cuerpo humano que se una a Cristo una santidad más allá de lo natural: una santidad sobrenatural.

Desde el momento en que Jesús dio comienzo a su ministerio público, dejó claro que había venido a devolver al hombre lo que este había perdido en el Edén: *zoe*.

Juan, en cuyo evangelio aparece recogida cuarenta y tres veces la palabra *zoe*, nos dice una y otra vez que esa *zoe* es la vida que posee Jesús, la vida que es Jesús. «Porque, igual que el Padre tiene *zoe* en sí mismo, así ha dado también al Hijo tener *zoe* en sí mismo» (Jn 5, 26). «Yo soy el pan de *zoe*», dice Jesús en Juan 6, 48. Y más adelante: «Yo soy la resurrección y la *zoe*» (Jn 11, 25) y «yo soy el camino, la verdad y la *zoe*» (Jn 14, 6).

Zoe es también lo que Jesús quiere que tengamos: «Yo he venido para que tengan *zoe* y la tengan abundante», dice en Juan 10, 10. Y en Juan 3, 16 Jesús le explica a Nicodemo: «Tanto amó Dios al mundo, que entregó a su Hijo unigénito, para que todo el que cree en él no perezca, sino que tenga *zoe* eterna».

Esa *zoe* es, en más de un sentido, el don supremo de la Encarnación. Y es la razón última de la Encarnación. Es el porqué de la venida de Jesús. Pero, a diferencia de la nueva dignidad que todos los cuerpos reciben gracias a la Encarnación, la *zoe* no la reciben todos automáticamente. Se recibe en el bautismo.

En el bautismo volvemos a nacer al recibir de nuevo en nuestras almas lo que Adán perdió: el don de la vida divina. El bautismo se considera con demasiada ligereza un mero símbolo. Pero, cuando se entiende la diferencia entre *bios* y *zoe*, y entre la muerte física y la muerte espiritual, resulta evidente que el sacramento del bautismo no es solamente figurativo o simbólico. Nuestra resurrección posee una realidad ontológica.

En las aguas del bautismo morimos y renacemos unidos al cuerpo resucitado de Cristo. Recuperamos la vida divina, de modo que el recién bautizado resucita aún más de lo que resucitó Lázaro. Lázaro recobró su vida natural y física pasados cuatro días, mientras que en el bautismo recuperamos nuestra vida sobrenatural y divina, la vida que perdió Adán al principio de los tiempos.

El bautismo nos permite vivir la vida para la que Dios nos creó: una vida que es más que natural; una vida que es, de hecho, sobrenatural. Y también nos permite vivir una vida más plenamente humana, entrar de un modo más profundo en aquello que hace que la vida en la tierra merezca ser vivida, sea más rica y esté más estrechamente unida a nuestra familia y amigos.

Pero el bautismo no afecta solo a nuestras almas: también afecta a nuestros cuerpos.

En todos los sacramentos la gracia santificante –la misma vida de Dios– nos llega a través de nuestros cuerpos. En el bautismo, la confirmación, el matrimonio, las órdenes sagradas y, sobre todo, en la Eucaristía la vida de Dios penetra en esos cuerpos por medio de la materia –el agua, el vino, el aceite, las manos del obispo, el cuerpo del cónyuge–, restaurando la vida divina que perdió Adán y fortaleciéndola en nosotros. Esa gracia diviniza nuestros cuerpos. Los hace santos. Los hace templos. «¿No sabéis que sois templos de Dios y que el Espíritu de Dios habita en vosotros?», pregunta Pablo en 1 Corintios 3, 16.

Dios vive en todas y cada una de las personas bautizadas que no están en pecado mortal. Habita en nosotros. Cualquier vida humana es sagrada porque es un don de Dios y porque el hombre ha sido creado a imagen de Dios. Pero los cuerpos de los bautizados poseen una santidad que procede de la gracia santificante que habita en ellos. Como en su día comentaba C. S. Lewis en su célebre conferencia «El peso de la gloria»,

> Después del Santísimo Sacramento, tu prójimo es el objeto más santo que se presenta a tus sentidos. Si ese prójimo es cristiano, es santo casi del mismo modo [que el Santísimo Sacramento], porque también en él *vere latitat* Cristo: en él está verdaderamente oculto el glorificador y el glorificado, la misma Gloria[8].

---

[8] C. S. Lewis. *El peso de la gloria*. Madrid, Rialp, 2017, p. 51.

Cuanto más estrecha y más íntima es la unión de una persona con Cristo, más se manifiesta esa santidad en su cuerpo. A veces, en los cuerpos de santos como san Francisco, santa Catalina de Siena, san Pío de Pietrelcina, san José de Cupertino y tantos otros, la santidad se manifiesta a través de señales y fenómenos extraordinarios como los estigmas, la bilocación y la levitación. Y con más frecuencia aún se manifiesta a través de la capacidad que posee esa persona de irradiar el amor de Cristo. Quienes conocieron a santa Teresa de Calcuta solían comentar que era la mujer más atractiva que habían visto jamás: y no porque pareciera una modelo de revista (que no lo parecía), sino porque en su rostro curtido y arrugado resplandecía el amor de Cristo.

Es más, la santidad del cuerpo bautizado no termina con la muerte. La gracia continúa habitando en los cuerpos y en los huesos de quienes están unidos a Cristo. Por eso los cementerios católicos se consideran suelo sagrado. En ellos están enterrados los cuerpos de los bautizados. Y esos cuerpos son la semilla de cuerpos resucitados.

> Lo que tú siembras no recibe vida si (antes) no muere. Y al sembrar, no siembras el cuerpo que llegará a ser, sino un simple grano, de trigo, por ejemplo, o de cualquier otra planta. Pero Dios le da el cuerpo según ha querido, y a cada semilla su propio cuerpo (1Co 15, 36-38).

Como hemos visto en el Génesis, hay vidas y vidas: hay *bios* y hay *zoe*. Y también hay muertes y muertes: hay muerte espiritual y hay muerte física. Y además hay cuerpos y cuerpos: nuestros cuerpos de ahora y nuestros cuerpos resucitados.

Jesús promete resucitar nuestros cuerpos: «Nadie puede venir a mí si no lo atrae el Padre que me ha enviado. Y yo lo resucitaré en el último día», dice en Juan 6, 44. Pero también promete transformarlos, glorificarlos, deificarlos: «Como el hombre terrenal, así son los de la tierra», dice san Pablo; «como el celestial, así son los del cielo. Y lo mismo que hemos llevado la imagen del hombre terrenal, llevaremos también la imagen del celestial» (1Co 15, 48-49).

Esa promesa de la resurrección es nuestra esperanza. Hemos apostado nuestra vida por ella. Y es ella la lo que nos permite, como cristianos, afrontar la muerte con coraje y alegría.

No obstante, antes de analizar lo que entraña esa promesa y cómo la cumple Dios, hemos de detenernos en cómo entendían la resurrección los primeros que esperaron en ella –Abrahán, Isaac y Jacob– y en cómo esa esperanza determinaba el trato que los antiguos israelitas dispensaban a sus difuntos.

3. A LA ESPERA DE UNA PATRIA MEJOR

Los finales importan. Lo sé porque soy escritor. Uno hace todo lo que puede para asegurarse de que no acaba sus libros con una nota en falso; de que para el lector el final es un momento de tomar decisiones, un momento de clarividencia o de lucidez.

Hace unos años me llamó la atención algo que ocurría en el libro del Génesis: el final era –por decirlo de algún modo– decepcionante.

En Génesis 49, después de reunirse con su querido hijo José, Jacob bendijo a sus doce hijos y, tras darles instrucciones sobre qué hacer con su cadáver, «expiró y se reunió con los suyos» (Gn 49, 33). Si yo fuera el autor del Génesis, lo habría dejado aquí. Con esta última frase quedan claramente enlazados los relatos de todos los patriarcas narrados hasta el momento.

Pero el libro no acaba ahí, sino que Génesis 50 prosigue contando cómo José y sus hermanos se llevaron de vuelta a Canaán el cuerpo de su padre y lo enterraron en el sepulcro donde reposaban Abrahán y Sara, Isaac y Rebeca, y Lea, la primera mujer de Jacob. El capítulo concluye con la muerte de José y el juramento que impuso a los israelitas:

> José dijo a sus hermanos: «Yo voy a morir, pero Dios cuidará de vosotros y os llevará de esta tierra a la tierra que juró dar a Abrahán, Isaac y Jacob». Luego José hizo jurar a los hijos de Israel: «Cuando Dios os visite, os llevaréis mis huesos de aquí». José murió a los ciento diez años. Lo embalsamaron y lo pusieron en un sarcófago en Egipto (Gn 50, 24-26).

«Lo embalsamaron y lo pusieron en un sarcófago en Egipto». Muy bien. Yo no habría acabado el Génesis con los detalles del entierro. En realidad, ningún escritor habría acabado así el Génesis. De ahí que, cuantas más vueltas le daba, más me parecía que: A) en algún momento el antiguo Israel perdió el final original del Génesis; o B) el final es este y nos está diciendo algo sumamente importante que mis oídos del siglo XXI no son capaces de captar.

Si tuviera que apostar por A o por B, me quedaría con B, porque el Génesis no es el único libro de la Biblia que acaba así. Algo parecido ocurre con el Deuteronomio, que concluye con la muerte de Moisés, a quien Dios entierra en la estepa de Moab. Y lo mismo sucede con el libro de Josué, que termina con el entierro de Josué en medio de su pueblo en la montaña de Efraín y, a continuación, con el entierro de los huesos de José en Siquén. De modo que, de los seis primeros de la Biblia, tres de ellos (el primero y los últimos del Pentateuco) concluyen contándonos qué fue de los cuerpos de los patriarcas.

A nosotros no nos parece un detalle importante, pero a los antiguos israelitas sí. ¿Por qué?

Nadie lo da por seguro. La respuesta a esta incógnita no es concluyente. Pero yo tengo una hipótesis.

En cierto modo, es como si estuvieran esperando algo. Como si el final no fuese el final. Como si Abrahán, Isaac y Jacob, José, Moisés y Josué aguardaran el verdadero final de la historia. Y ese final es la resurrección: su resurrección y la de todos los muertos.

La comunión con los muertos

Qué creían exactamente los antiguos israelitas acerca de la muerte y la resurrección no es una cuestión que se haya dado por zanjada. Por un lado, en los libros de la Ley no existe una enseñanza explícita sobre la resurrección de los muertos. En el Pentateuco no aparece ninguna promesa explícita sobre la vida futura. Cualquier estudioso de la Biblia de hoy en día que se limitara a leer el texto de los primeros libros bíblicos tomándolos al pie de la letra podría afirmar que los antiguos israelitas no creían en la resurrección de los muertos. Eso pasaba con los saduceos en tiempos de Jesús. Así que, a primera vista, esto es lo que hay.

Por otro lado, si los antiguos israelitas no creían en la resurrección de los muertos, si no creían en el más allá, entonces eran el único pueblo de la Antigüedad que pensaba de ese modo. En la Antigüedad la creencia en el más allá no solo estaba muy extendida, sino que era universal. Todos, desde los cananeos y los amorreos hasta los egipcios, los babilonios y los asirios, creían en alguna clase de vida después de la muerte. Lo que había era algo más que una conciencia acerca de una vida futura: había una idea fija.

Es más, si los israelitas no creían en una especie de resurrección, sus palabras y sus obras carecen de sentido, porque su forma de comportarse sugiere que sí creían en ella.

Eso es lo que queda patente si se analizan las prácticas funerarias del antiguo Israel. En su monumental obra en dos volúmenes *Israel: Its Life and Culture*, el teólogo Johannes Pedersen detalla cómo el antiguo Israel, igual que los pueblos vecinos, no se separaba de sus muertos, a quienes durante siglos se enterró en las cercanías de la vida comunitaria, en medio de la vida de la comunidad, cerca e incluso dentro de las casas que habitaban. En el primer libro de Samuel, por ejemplo, leemos que, tras la muerte de Samuel, «todo Israel se reunió, hicieron duelo por él y lo enterraron en su casa de Ramá» (25, 1).

La cercanía de los muertos era una señal física que apunta a una cercanía más honda y esencial. Como escribe Pedersen,

> La familia hundía sus raíces en sus antepasados y las bendiciones concedidas a la familia no podían verse reforzadas si los antepasados no quedaban incluidos en el grupo. Durante la Pascua lo que se volvía a experimentar era la felicidad de los antepasados. No ha llegado hasta nosotros de qué modo se expresaba en otros actos de culto la presencia de los padres: es probable que se pronunciara una bendición sobre ellos. Del estado de las cosas se infiere la existencia de un vínculo vivo con los difuntos[1].

Y continúa diciendo:

---

[1] Johannes Pedersen. *Israel: Its Life and Culture*. Atlanta, Scholars Press, 1991, vol. 2, p. 476.

> La relación entre los vivos y los muertos era mutua. El nombre de los antepasados se conservaba en sus descendientes. Y la familia se garantizaba el derecho a sus tierras y a las bendiciones sobre sus miembros y sobre sus tierras enterrando a sus antepasados en los terrenos propiedad de la familia[2].

En definitiva, lo que evidencia la actitud de los antiguos israelitas hacia sus muertos es algo parecido a la comunión de los santos: reconocen la existencia de un nexo entre vivos y muertos que no se puede romper. Existe una relación: una comunión, repito. No es *la* comunión de los santos, pero sí se parece. Apunta a ella. Es el signo natural de una realidad sobrenatural que aún no se ha revelado. Pero el hecho de que no se les hubiera revelado a los antiguos israelitas no significa que ellos no creyeran en ella… al menos algunos.

Una esperanza mayor

Si todo con lo que contásemos fueran los primeros libros del Antiguo Testamento, esta especie de comunión natural entre los antepasados muertos y sus descendientes vivos daría sentido a lo que hemos visto en el Génesis, el Éxodo y Josué.

Explicaría los esfuerzos de Abrahán en Génesis 23 por comprar un terreno donde dar sepultura a su mujer, Sara, tras rechazar la oferta que le hicieron los hititas, primero de enterrar a Sara en uno de sus sepulcros y después de un terreno a cambio de nada. Abrahán

---

2 Id., p. 481.

acabó adquiriendo por cuatrocientas monedas de plata un campo con una cueva al este de Mambré. Allí los miembros de su pueblo, la descendencia que se le había prometido, podrían descansar juntos en un campo de su propiedad.

La antigua creencia israelita en la comunión tribal entre vivos y muertos explicaría también por qué el último deseo de Jacob fue que lo trasladaran a esa cueva y lo enterraran junto a sus padres y abuelos, y por qué José no se limitó a pedirles a sus hijos que sacaran sus huesos de Egipto, sino que se lo hizo *jurar*. Nadie quería que lo enterraran en tierra extranjera, lejos de la familia –la viva y la muerta– a la que pertenecía.

Por otra parte, si solo contásemos con los libros que componen el Pentateuco, sería fácil catalogar el trato reverente de los patriarcas a sus difuntos como una especie de culto a los antepasados. No obstante, contamos con más datos, empezando por Hebreos 11, que nos dicen algo acerca de la fe de aquellos hombres y mujeres que las páginas del Pentateuco solo insinúan.

Esto es lo que comenta de Abrahán Hebreos 11, 9-10: «Por fe vivió como extranjero en la tierra prometida, habitando en tiendas, y lo mismo Isaac y Jacob, herederos de la misma promesa, mientras esperaba la ciudad de sólidos cimientos cuyo arquitecto y constructor iba a ser Dios».

Y dice también: «Por la fe, Abrahán, puesto a prueba, ofreció a Isaac: ofreció a su hijo único, el destinatario de la promesa (...). Abrahán pensó que Dios tiene poder hasta para resucitar de entre los muertos, de donde en cierto sentido recobró a Isaac» (Hb 11, 17; 19).

Y respecto a sus descendientes:

> Con fe murieron todos estos, sin haber recibido las promesas, sino viéndolas y saludándolas de lejos, confesando que eran huéspedes y peregrinos en la tierra. Es claro que los que así hablan están buscando una patria; pues si añoraban la patria de donde habían salido, estaban a tiempo para volver. Pero ellos ansiaban una patria mejor, la del cielo. Por eso Dios no tiene reparo en llamarse su Dios: porque les tenía preparada una ciudad (Hb 11, 13-16).

El autor de la carta a los hebreos insiste una y otra vez: Abrahán lo sabía; Isaac lo sabía; Jacob lo sabía; José lo sabía. Los israelitas fieles lo sabían. Sabían que hay otra vida más allá de esta, que hay una «patria mejor». Sabían que Dios les tenía preparado algo mejor: una patria «celestial». Sabían que su historia no se acababa con su muerte; que sus cuerpos, de una u otra manera, estaban destinados a formar parte de esa historia, y por eso era importante dónde y cómo quedaban enterrados. Cuando llegara el día de entrar en la «ciudad» que Dios «les tenía preparada», querían hacerlo todos juntos, en familia.

Una esperanza persistente

La esperanza en esa ciudad, además, no muere con los patriarcas.

Se prolonga a la largo de la historia de Israel, empezando por Job, contemporáneo de los patriarcas, quien rechaza las dudas con que le tientan sus amigos diciendo:

> Yo sé que mi redentor vive y que al fin se alzará sobre el polvo: después que me arranquen la piel, ya sin carne,

veré a Dios. Yo mismo lo veré, y no otro; mis propios ojos lo verán (Jb 19, 25-27).

De esa misma esperanza se hace eco el libro de Daniel, que recoge los acontecimientos que tienen lugar durante el exilio en Babilonia. En los capítulos 10-12 Daniel se encuentra con «alguien como una figura humana» (10, 16) que le revela muchas cosas: entre otras, que llegará un tiempo en que se levantará «Miguel, el gran príncipe que se ocupa de los hijos de tu pueblo» (12, 1); entonces

serán tiempos difíciles como no los ha habido desde que hubo naciones hasta ahora. Entonces se salvará tu pueblo: todos los que se encuentran inscritos en el libro. Muchos de los que duermen en el polvo de la tierra despertarán: unos para vida eterna, otros para vergüenza e ignominia perpetua. Los sabios brillarán como el fulgor del firmamento, y los que enseñaron a muchos la justicia, como las estrellas, por toda la eternidad (Dn 12, 1-3).

Los hijos y las hijas fieles de Israel seguían conservando esa esperanza durante la revuelta de los macabeos del siglo II antes de la venida de Jesús. En Macabeos 2 una madre insta a sus siete hijos al martirio diciéndoles:

(...) el Creador del universo, quien modela la raza humana y determina el origen de todo (...) Él, por su misericordia, os devolverá el aliento y la vida, si ahora os sacrificáis por su ley. (...) No temas a ese verdugo; mantente a la altura de tus hermanos y acepta la muerte. Así, por la misericordia de Dios, te recobraré junto con ellos (2 Mc 7, 23; 29).

Más tarde Hebreos 11, 35 se refiere a la fe de esa madre con estas palabras: «Hubo mujeres que recobraron resucitados a sus muertos. Pero otros fueron torturados hasta la muerte, rechazando el rescate, para obtener una resurrección mejor».

¿Cómo se había enterado esa madre de la resurrección? ¿Qué sabía de ella? ¿Cómo y qué sabía cualquier antiguo israelita acerca de «una resurrección mejor»? No lo sé. Orígenes, san Agustín y santo Tomás de Aquino se contentan con decir: «Está claro que creían en la Encarnación y en la Trinidad. Tenían una fe explícita en los misterios cristianos». Pero cómo era posible tal cosa es todo un misterio.

El hecho es que nuestro exceso de ignorancia nos impide descubrir el motivo de esa falta de ignorancia. Pienso que, por mucho que creamos saber qué es la Encarnación y qué es la Trinidad, cuando lleguemos al cielo y miremos atrás, nos daremos cuenta de que las palabras que repite un loro arrojan tanta luz sobre esos sagrados misterios como las que empleamos nosotros aquí y ahora para hablar de ellos. Las realidades a las que se refieren nuestras palabras son infinitamente mayores, infinitamente más hermosas, infinitamente más asombrosas que los términos que empleamos para describirlas. Por supuesto, es mejor tener palabras que no tener nada. Pero tener fe es mejor que tener palabras, y las palabras son un indicio de la fe que evidentemente tenían los patriarcas y los israelitas fieles antes de la llegada del credo.

Esa fe ayudaba al antiguo Israel a ver lo que estaba en el horizonte. Le ayudaba a entender, si bien de un modo incompleto e imperfecto, la dignidad del cuerpo y el destino del cuerpo en una vida futura. Y esa fe determinaba lo que hacían con sus cuerpos en esta vida y la importancia que daban a lo que ocurriera con ellos –dónde y junto a quién reposaban– tras la muerte.

Los patriarcas sabían que la tierra prometida no era la tierra prometida definitiva, sino una señal que les indicaba el camino a «la ciudad de sólidos cimientos cuyo arquitecto y constructor iba a ser Dios» (Hb 11, 10). Pero era allí, en esa primera tierra prometida, donde querían estar el día en que se les invitara a entrar en cuerpo y alma en esa ciudad celestial. En la primera tierra prometida habían recibido el don de la fe, y al parecer pensaban que allí tendría lugar la resurrección del cuerpo.

No obstante, no todos los israelitas tenían esa fe. E incluso quienes la tenían estuvieron tentados de perderla.

4. PREPARÁNDOSE PARA UNA PATRIA MEJOR

EN LOS ALBORES DE LA CREACIÓN, Dios llenó el universo de señales que apuntaban hacia Él. El mundo entero estaba destinado a ser una especie de catequesis, una enseñanza acerca de quién es Él, qué hace y cómo nos ama.

Y sigue estando destinado a ello. Mires donde mires, verás por todas partes analogías naturales de su poder, de su bondad y su amor: el sol, la luna y las estrellas; las montañas, los mares y los ríos; y, sobre todo, el hombre, la mujer y el hijo. La familia humana revela, al igual que el sol y los mares, verdades fundamentales acerca de Dios. Hemos sido creados a imagen de Dios y el modo en que nos cuidamos y nos protegemos unos a otros, y en especial el modo en que damos vida –a las nuevas generaciones–, nos enseñan algo acerca de Dios, cuya naturaleza es amor que da vida.

Todo eso es bueno. El mundo, la familia y lo que nos enseñan: todo es bueno. Dios lo ha creado bueno. Pero lo bueno no es Dios, y en un mundo caído existe el peligro de confundir una cosa con otra. De adorar al sol y no a Aquel de quien la luz solo es un reflejo. De adorar al río y no a Aquel de cuyo poder el río es un recuerdo. De adorar a la familia terrenal y no a la familia divina para la que hemos sido creados.

Es una trampa demoníaca. El mundo apunta al mundo futuro, pero el demonio no quiere que lo veamos. O quiere que no nos interese. Satanás quiere convencernos de que este mundo es todo lo que hay, de que basta con esta vida.

Pero el mundo natural es pasajero, lo que significa que adorar lo natural conlleva siempre un pacto con la muerte. Es la forma de culto más letal. Aun así, para la humanidad caída es y ha sido siempre una tentación. Y fue una tentación aún mayor en un mundo en el que todavía no se había revelado la plenitud de la verdad y en el que Dios iba completando poco a poco los espacios en blanco acerca de quién es Él y de lo que nos tiene reservado.

Un objetivo superior

Demasiado bien conocían los antiguos israelitas esa tentación de adorar la creación y no al Creador. Pese a lo que Dios había hecho por ellos, pese a las promesas hechas a Abrahán, a Isaac y a Jacob, los descendientes de los patriarcas tenían la misma tendencia que los pueblos vecinos a adorar a la naturaleza. No obstante, no podían conducir a las demás naciones a la santidad si inclinaban la cabeza ante becerros de oro o hacían ofrendas a los «dioses» de los ríos. Para que se convirtieran en el pueblo que tenían que ser, Dios tuvo que apartarlos de esa costumbre. Tuvo que enseñarles cómo vencer esa tentación para que lo adoraran solo a Él. Por eso desde el Éxodo nos encontramos a Dios interviniendo y empleando leyes de pureza en un intento de frenar la tendencia israelita a adorar la creación.

Igual que tenemos el Antiguo Testamento y el Nuevo Testamento, la Antigua Alianza y la Nueva Alianza, en cierto modo tenemos también la Antigua Alianza de la Antigua Alianza y la Nueva Alianza de la Antigua Alianza. Es decir, tenemos el Génesis y tenemos lo que viene después del Génesis. Hay una clara diferencia entre ambas cosas y el punto de inflexión está en el Éxodo. En el Éxodo observamos un cambio radical del lenguaje y de la ley a medida que Dios va revelando poco a poco algo más de su plan para Israel.

Tomemos la palabra «santo». Como señala Robert Moberly, especialista en Antiguo Testamento, en el Génesis el término hebreo que significa «santo» aparece una sola vez, y es en Génesis 2, 3, cuando se dice que «bendijo Dios el séptimo día y lo santificó». Pero, en cuanto pasamos al Éxodo, la palabra «santo» está por todas partes.

Está en la zarza encendida: «No te acerques; quita tu calzado de tus pies, porque el lugar en que tú estás, tierra santa es» (Ex 3, 5).

Está en el Monte Sinaí: «Seréis para mí un reino de sacerdotes y una nación santa» (Ex 19, 6).

Está en las instrucciones para el nuevo tabernáculo: «Colgarás el velo debajo de los broches y allí, dentro del velo, colocarás el Arca del Testimonio. El velo servirá para separar el Santo del Santo de los Santos» (Ex 26, 33).

Solamente en el Éxodo la palabra «santo» aparece más de cincuenta veces. ¿Qué ha pasado? Muy sencillo: el tiempo. Lo que descubrimos aquí es un proceso pedagógico en el que Dios se va revelando lentamente a lo largo del tiempo para ayudar a Israel a crecer, a madurar en la fe y a desprenderse de lo natural y prepararse para recibir lo sobrenatural. Básicamente, en el Éxodo Dios empieza a lanzar a su pueblo una llamada a algo superior, una llamada *santa*, una llamada a distinguirse más claramente del resto de las naciones que lo rodean para finalmente ser capaz de conducir a esas naciones hasta Él.

Una pedagogía divina

Uno de los primeros pasos de ese proceso consiste en apartar a Israel de cualquier inclinación al culto a los antepasados y en ayudar a los israelitas a entender qué es realmente la muerte.

De ahí que en el Levítico y en el Deuteronomio queden prohibidos determinados ritos funerarios como rapar la cabellera o recortar la barba a los difuntos (Lv 19, 27; 21, 5; Dt 14, 1). Ambos ritos los practicaban los cananeos, para quienes eran una manera de ofrecer sacrificios y de mantener la comunión con los muertos.

Por motivos parecidos se prohibió a los israelitas ofrecer a los difuntos diezmos del trigo o de productos animales (Dt 26, 14). En todo el mundo antiguo la gente solía hacer ofrendas a los muertos o enterrarlos con comida y objetos de valor. Pero Israel no podía ser igual que el resto.

Por otra parte, en Números 19, 11 leemos también: «El que toque un muerto, un cadáver humano, quedará impuro siete días». Y prosigue detallando un minucioso ritual de purificación no solo para quienes toquen al muerto, sino para cualquiera que entre en su tienda.

¿Por qué dicta Dios estas leyes? ¿Porque los israelitas despiojaban a los cadáveres? ¿Porque el cadáver no era higiénico?

No. Porque Dios quería que Israel entendiera que la muerte física es un signo de la muerte espiritual. Es un signo de lo que el pecado le hace al alma. Y el pecado es contagioso. Tan contagioso como cualquier enfermedad y tan mortal como cualquier enfermedad. Más mortal aún, en realidad.

Esto aparece de un modo todavía más explícito en Ezequiel 37, cuando Dios lleva a Ezequiel a predicar en medio de un valle lleno de huesos. Los huesos son el símbolo de Israel, que está muerto y deshonrado. Y la deshonra de su condición física es un signo de la deshonra de su condición espiritual. Israel se ha olvidado de Dios, ha olvidado sus caminos y ha perdido la esperanza que Dios le había prometido. Ese olvido ha deshonrado sus almas: «Son la entera casa de Israel, que dice: "Se han secado nuestros huesos, se ha desvanecido nuestra esperanza, ha perecido, estamos perdidos"» (Ez 37, 11).

Decir a los israelitas que tocar a los muertos los deshonra equivale a una lección pedagógica que lleve a los israelitas a aborrecer el pecado. Lo mismo ocurre con la prohibición de tocar a un leproso. Lo que le preocupa a Dios por encima de todo no es la pureza de la piel. Lo que le preocupa es la pureza del alma. Y en la Biblia la lepra es un signo del pecado. La lepra actúa en el cuerpo de la persona como la infracción de la ley divina actúa en el alma. En cierto modo, el que Dios le diga a Israel que tocar a los muertos o a los leprosos los mancha es como mi madre lavándome la boca con jabón la primera vez que me pilló mintiendo: lo que pretendía era enseñarme una lección acerca de algo interno aplicando un castigo externo.

A lo largo del Antiguo Testamento, las prácticas del antiguo Israel evidencian claramente que incluso entre quienes no conocen ni creen en una futura resurrección se venera el cuerpo. En un estado meramente natural, con una religión natural, existe una comunión natural y las sepulturas son el lugar natural donde se desarrollan las prácticas religiosas.

Pero Dios no quiere que Israel dé culto a los muertos, sino que los honre. Quiere que imite a sus antepasados santos, no que los idolatre. No quiere que Israel sea como los pueblos vecinos ni que intente entrar en comunión con los muertos a través de médiums y hechiceros. Quiere que tenga una auténtica comunión con los muertos en la comunión de los santos.

De modo que Dios debe apartar a su pueblo de esas tendencias naturales. Debe ayudarle a entender que esas prácticas naturales y esa comunión natural no son sino indicios de algo mucho más glorioso y mucho más poderoso de lo que Israel es capaz de imaginar.

Lo que en ningún caso pretende hacer Dios es apartar a Israel de su respeto natural al cuerpo. Por eso desde el Éxodo en adelante vemos a Israel moverse entre dos aguas: la deshonra por tocar un cadáver y la maldición por no enterrarlo. Acercarse a los muertos, tocar a los muertos o estar cerca de un muerto no supone ninguna bendición especial para los israelitas. No se obtiene ninguna ganancia a través del cuerpo de un muerto. Aun así, hay que tratarlo con respeto. Hay que enterrarlo. Hay que hacer duelo.

Eso es lo que vemos en 2 Samuel 21 cuando Rispá, la nieta de Samuel, se marcha a vivir al raso para vigilar los cuerpos de sus hijos, muertos a manos de los gabaonitas y abandonados en medio de la montaña para que los devoren las aves. Para evitar que los cuerpos de sus hijos acaben deshonrados de esa manera, Rispá «tomó un saco con ella y lo extendió sobre la peña, desde el comienzo de la siega hasta que las lluvias cayeron sobre ellos desde el cielo. No dejaba que se posaran sobre ellos las aves del cielo durante el día, ni en la noche las bestias del campo» (21, 10). Su piedad acaba despertando las simpatías de David, que ordena recuperarlos y darles sepultura.

Una piedad parecida, más llamativa aún, la encontramos en el libro de Tobías.

Un israelita fiel

Cuenta la Biblia que durante el exilio en Asiria un israelita fiel llamado Tobit logró ganarse el favor del rey y convertirse en proveedor de palacio: un cargo sumamente prestigioso para cualquiera, y especialmente para alguien marginado como un israelita. Aun así, secretamente empeñado en enterrar a los israelitas asesinados y arrojados fuera de las murallas de la ciudad, Tobit se juega permanentemente la vida, su fortuna y su posición.

> Procuraba pan al hambriento y ropa al desnudo. Si veía el cadáver de uno de mi raza abandonado fuera de las murallas de Nínive, lo enterraba. Enterré también a los que mandó matar Senaquerib cuando vino huyendo de Judea –el Rey del cielo lo castigó por todas sus blasfemias, y él, en venganza, dio muerte a muchos hijos de

> Israel–. Yo sustraje sus cuerpos y les di sepultura. Senaquerib los buscó en vano (Tb 1, 17-18).

Al final, Tobit es descubierto y escapa, perdiéndolo todo en el camino excepto a su mujer y a su hijo. Tobit acepta el castigo. Sabía muy bien desde el principio el riesgo que corría. Pero lo asume. A nosotros nos cuesta entender por qué. En cierto modo, se está complicando la vida. Si quería ser fiel, ¿no le bastaba con guardar el *sabbat*, comer alimentos *kosher*, encender unas cuantas velas y dejar de preocuparse por los muertos hasta que fuera legal preocuparse por los muertos?

Pues no. Para Tobit aquello era una prueba de fe, y no solo una expresión de la fe. No tenía nada que ver con la piedad natural; tenía que ver con una esperanza sobrenatural.

Y esa esperanza se proclama en Tobías 13 con un canto de alabanza que empieza así:

> Bendito sea Dios, que vive eternamente;
> y cuyo reino dura por los siglos.
> Él azota y se compadece;
> hunde hasta el abismo y saca de él
> y no hay quien escape de su mano (Tb 13, 1-2).

Atención: Tobías dice que Dios «saca» del abismo, es decir, de la tierra de los muertos. Igual que Abrahán, Isaac y Jacob; igual que José, Job y Daniel; igual que la madre de 2 Macabeos e igual que el resto de la humanidad fiel que vino antes que él y que vendrá después de él, Tobit cree que Dios resucitará a los muertos: no solo espiritualmente, sino físicamente. Al fin y al cabo, si la resurrección iba a ser solo espiritual, lo que ocurriera con los cuerpos carecía de importancia. Pero, si existe una resurrección física, los cuerpos sí que importan. Lo que les suceda a los cuerpos sí importa. Cómo se entierre a esos cuerpos sí importa.

Por eso –y Tobit lo entiende así–, hasta que llegue el día de la resurrección, a los muertos hay que enterrarlos con reverencia para que sus cuerpos pueden aguardar en paz esa resurrección. De ahí las últimas instrucciones que transmite Tobit a su hijo acerca de su entierro: «Cuando entierres a tu madre junto a mí…» (Tb 14, 10).

Y su hijo Tobías obedece: «Le dieron honrosa sepultura. Cuando murió su madre, Tobías la enterró al lado de su padre» (Tb 14, 11-12).

En cierto modo, todo el libro de Tobías es un largo recordatorio del trato que Israel debe dispensar a los muertos. Tobit se lo jugó todo con tal de ocuparse de los cuerpos de quienes habían dejado este mundo. Por eso Dios lo bendijo, envió al ángel Rafael para que acompañara en su viaje a su hijo Tobías y le encontrara una esposa, lo salvara de un demonio, lo devolviera a casa sano y salvo y curara la ceguera del propio Tobit. Tobit honraba a los muertos y por eso Dios bendijo a Tobit. Ese es el mensaje.

Y esto sucedía antes de la Resurrección de Jesús, antes de que la humanidad conociera con certeza el plan de Dios para el cuerpo. Esto sucedía en el Antiguo Testamento, cuando la resurrección no era más que el subtexto, una promesa insinuada pero no explícita que bullía bajo la superficie de todos los demás acontecimientos de la historia de la salvación. Con la venida de Jesús el subtexto se convirtió en texto. La promesa insinuada se convirtió en promesa explícita.

Y la idea que bullía bajo la superficie emergió, revelándose como el núcleo de la misión de Jesús y el objetivo último de la historia de la salvación.

5. LA ESPERANZA DE RESUCITAR

CUANDO ESTABA EN EL INSTITUTO, uno de mis libros preferidos era la *Teología sistemática* de Louis Berkhof, un teólogo reformado holandés. Como la mayoría de los libros que leía en aquella época, este dedicaba dos o tres páginas a la resurrección de Jesucristo. Tampoco decía nada de lo que la resurrección significaba para nuestra salvación, sino que se limitaba a hablar de ella desde una perspectiva apologética, centrándose en demostrar el hecho histórico de la resurrección: que la piedra se había movido, que el sepulcro estaba vacío y que el cuerpo había resucitado. Pero el porqué de la importancia de todo aquello brillaba por su ausencia.

Durante algún tiempo yo también me planteé la resurrección en esos términos: como un hecho histórico que requería demostración. Sin embargo, cuando empecé a leer a los Padres de la Iglesia, fui descubriendo que la resurrección es mucho más. Me di cuenta de que, de alguna manera, a los primeros apóstoles y a los evangelistas no solo les importaba la resurrección, sino que para ellos era lo *más* importante. Lo que predicaban no eran el sermón de la montaña ni los rifirrafes con los fariseos: predicaban la resurrección.

Fijémonos en el primer sermón que predicó la Iglesia: el anuncio del Evangelio que hace Pedro en Jerusalén después del descenso del Espíritu Santo el día de Pentecostés. En Hechos 2, tras atraer la atención de la gente, Pedro empieza citando al profeta Joel y explica por qué los apóstoles son capaces de repente de hablar en lenguas distintas. A continuación resume la vida y el ministerio de Jesús en una única frase. Y después, también con una sola frase, se refiere al misterio pascual.

En Hechos 2, 24 Pedro comienza a hablar de la resurrección de Jesús y anuncia que «Dios lo resucitó, librándolo de los dolores de la muerte, por cuanto no era posible que esta lo retuviera bajo su dominio». Y prosigue hablando de la resurrección durante los doce versículos siguientes, es decir, lo que queda de sermón. Proclama cómo Dios resucitó a Jesús de entre los muertos, cómo el rey David predijo la resurrección, cómo los apóstoles fueron testigos de ella y cómo Cristo resucitado ahora está sentado a la derecha del Padre. (Casi) de principio a fin, toda la predicación de Pedro trata de la resurrección.

Y esto es algo que no ocurre solamente en el primer sermón de Pedro, sino también en los evangelios, los Hechos y las epístolas. Una y otra vez sus autores vuelven sobre la resurrección. Y no sobre el hecho en sí, sino sobre lo que implica: nuestra resurrección.

Me pasé muchos años sin ser capaz de verlo así. Y luego, un buen día, ya no fui capaz de verlo de otra manera. Como el ojo mágico que se hizo tan popular en los años 1990. A primera vista, aquellas imágenes impresas generadas por ordenador solo parecían una colección aleatoria de formas geométricas y colores. Pero, cuanto más te fijabas, tu forma de mirar iba transformándose hasta que acababas descubriendo la imagen oculta. Y a partir de ese momento te era imposible no ver esa imagen. Ya no eras capaz de ver solamente formas y colores.

Lo mismo ocurre cuando empiezas a ver el hilo conductor de la resurrección a lo largo de las Sagradas Escrituras. Ya no puedes dejar de verlo. Ya no puedes retroceder y pensar en la resurrección exclusivamente como un hecho histórico que necesita demostración, y empiezas a verla como el núcleo central de la misión de Jesús; como dice san Atanasio, «la universal resurrección de todos [...] es la causa primera de la Encarnación del Salvador»[1].

La resurrección de Jesús

Jesús nació en medio de un pueblo y en una cultura cuya fe en la resurrección de los muertos, lejos de darse por sentada, era motivo de debate. Un sector de las autoridades religiosas –los fariseos– apuntaba al testimonio de los antiguos israelitas y profetas de la Escritura para defender una especie de resurrección (los especialistas aún siguen discutiendo si se trataba o no de una resurrección física). Otro sector de las autoridades religiosas –los saduceos– negaban toda noción de resurrección. Nadie que hubiera escuchado a Jesús desde los primeros momentos de su ministerio público podía dudar de qué lado estaba Él.

Jesús empieza a hablar de la resurrección de un cuerpo concreto –el suyo– desde los primeros días de su ministerio público. En Juan 2, casi inmediatamente

[1] Atanasio. *La Encarnación del Verbo*. Madrid, Ciudad Nueva, 1989, p. 58.

después de realizar su primer milagro público en Caná, Jesús se marcha a Jerusalén y menciona por primera vez su resurrección cuando les dice a las autoridades judías: «Destruid este templo, y en tres días lo levantaré» (Jn 2, 19). Y no está hablando del templo de piedra de entonces. Como señala Juan, «hablaba del templo de su cuerpo» (Jn 2, 21).

Transcurren los meses y Jesús pasa de insinuar lo que el Padre le tiene reservado a explicárselo claramente a los apóstoles:

> Desde entonces comenzó Jesús a manifestar a sus discípulos que tenía que ir a Jerusalén y padecer allí mucho por parte de los ancianos, sumos sacerdotes y escribas, y que tenía que ser ejecutado y resucitar al tercer día (Mateo 16, 21).

Jesús vuelve a mencionar su resurrección durante la transfiguración en el monte Tabor y advierte a Pedro, Santiago y Juan: «No contéis a nadie la visión hasta que el Hijo del hombre resucite de entre los muertos» (Mt 17, 9).

Luego, de camino a Jerusalén en los días previos a la Pasión, lo deja muy claro cuando les avisa:

> Mirad, estamos subiendo a Jerusalén, y el Hijo del hombre va a ser entregado a los sumos sacerdotes y a los escribas, y lo condenarán a muerte y lo entregarán a los gentiles, para que se burlen de él, lo azoten y lo crucifiquen y al tercer día resucitará (Mt 20, 1-19).

Por último, la víspera de su muerte, vuelve a decirles a los apóstoles: «Pero cuando resucite, iré delante de vosotros a Galilea» (Mt 26, 32).

A lo largo de los cuatro evangelios Jesús deja poco espacio a la duda: Él es Aquel en quien Job, miles de años antes, había profesado su fe. Es el redentor que vive. Es Aquel a quien esperaban Abrahán, Isaac y Jacob. «Abrahán, vuestro padre, saltaba de gozo pensando ver mi día; lo vio, y se llenó de alegría» (Jn 8, 56).

Pero de lo que más habla Jesús no es de *su* resurrección. La resurrección que más le preocupa es la nuestra.

Nuestra resurrección

Si nos fijamos en los tres años de predicación pública de Jesús, es fácil que los árboles nos impidan ver el bosque y que pensemos que la clave de su enseñanza consiste en dejarle a la humanidad un código de conducta, una manera de vivir en este mundo. Y es verdad que nos lo dejó.

Nos dijo: «Amarás al Señor tu Dios con todo tu corazón, con toda tu alma, con toda tu mente», «amarás a tu prójimo como a ti mismo», «amaos los unos a los otros como yo os he amado» (Mt 22, 37.39; Jn 15, 12). También nos dijo que pongamos la otra mejilla, que demos limosna a los pobres y que recemos por los que nos persiguen. Nos explicó quién es nuestro prójimo –cualquier hombre– y que somos responsables de todos los hombres; es más: que cada vez que damos de comer al hambriento, vestimos al que está desnudo, damos posada al peregrino o visitamos a los presos, lo hacemos con Él y por Él. Y, sobre todo, Jesús nos animó a no preocuparnos ni angustiarnos, a orar a Dios, que es nuestro Padre, y a esperar la venida del reino de Dios.

Lo que Jesús pretendía al dejarnos estas enseñanzas no era crear una especie de paraíso terrenal. Tampoco era recompensarnos con el privilegio de una vida regalada y cómoda si las seguíamos. El fin último era el cielo. Era la vida eterna. Era nuestra resurrección.

«Si quieres entrar en la vida», le dice a un posible discípulo suyo, «guarda los mandamientos» (Mt 19, 17). Más adelante, en Mateo 25, cuando explica el reino de los cielos, advierte de que quienes ignoren al hambriento, al sediento, al extranjero, al desnudo, al enfermo o al prisionero «irán al fuego eterno», mientras que los justos –los que, en vez de ignorar a los necesitados, se preocupen por ellos– tendrán «vida eterna» (Mt 25, 34-46).

Jesús también promete a sus apóstoles que «quien haya dejado casa o mujer o hermanos o padres o hijos por el reino de Dios» será recompensado con «mucho más en el tiempo presente y en la edad venidera vida eterna» (Lc 18, 29-30). Y en el evangelio de Juan a Marta le dice claramente: «Yo soy la resurrección y la vida: el que cree en mí, aunque haya muerto, vivirá» (11, 25).

De hecho, al revés que el debate sobre lo que creían los fariseos acerca de la resurrección –si era física o únicamente espiritual–, las palabras de Jesús afirman la realidad de una resurrección física. Ante una gran multitud anuncia: «Esta es la voluntad de mi Padre: que todo el que vea al Hijo y crea en él tenga vida eterna, y yo lo resucitaré en el último día» (Jn 6, 40).

Y a otro grupo de judíos les dice: «No os sorprenda esto, porque viene la hora en que los que están en el sepulcro oirán su voz: los que hayan hecho el bien saldrán a una resurrección de vida; los que hayan hecho el mal, a una resurrección de juicio» (Jn 5, 28-29).

Una lectura detenida nos revela que Jesús hablaba de más de una clase de resurrección. Recuerda que hay vidas (*bios*) y vidas (*zoe*). También hay muerte espiritual y muerte física. Las palabras de Jesús se refieren a ambas clases de vida y a ambas clases de muerte.

En Juan 5, 28 Jesús afirma de forma explícita la resurrección física de los muertos cuando dice: «Viene la hora en que los que están en el sepulcro oirán su voz (...) y saldrán». Pero solo tres versículos antes, en Juan 5, 25, Jesús menciona otra clase de resurrección muy distinta: «En verdad, en verdad os digo: llega la hora, y ya está aquí, en que los muertos oirán la voz del Hijo de Dios, y los que hayan oído vivirán».

«Llega la hora y *ya está aquí*» significa que el hombre no tiene que esperar a la muerte física para experimentar la resurrección. Los muertos pueden oír su voz *ya*. Los muertos pueden vivir *ya*. Pero ¿cómo?

Es Jesús quien nos los dice tanto en Juan 5, 25 como en Juan 5, 24: «Quien escucha mi palabra y cree al que me envió posee la vida eterna». Fíjate bien: *posee*, no «poseerá». *Posee*. Solo existe una clase de vida eterna que podemos poseer ahora, en esta vida, en este momento, y esa vida es *zoe*, la vida divina, la vida sobrenatural, la vida que poseían Adán y Eva al principio y que perdieron con el pecado original.

Y esto suscita otra pregunta: ¿quiénes son los muertos que tienen que oír su voz y creer *ya*? Los zombis de los que hablábamos en el capítulo 1: los *walking dead*, los muertos vivientes, los que están físicamente vivos pero muertos por el pecado, los que carecen de la vida de Dios –la gracia santificante– en sus almas. Esos son los hombres y las mujeres que, como nos dice Jesús en Juan 3, tienen que «nacer de nuevo.... del agua y del Espíritu» (3, 3; 5).

Jesús vino a darnos las dos clases de vida: *bios* y *zoe*. Vino a vencer las dos clases de muerte: la espiritual y la física. Pero una precede a la otra. Primero hemos sido resucitados espiritualmente para que, aunque muramos físicamente, podamos ser resucitados físicamente en el último día. Es como un muelle helicoidal cuyas dos partes descienden alternativamente escaleras abajo. De modo parecido, cuando llegue la resurrección, el cuerpo tendrá que alcanzar al alma.

A eso se refiere Juan cuando habla de la «primera resurrección» en el Apocalipsis: «Bienaventurado y santo quien tiene parte en la primera resurrección; sobre ellos no tiene poder la muerte segunda, sino que serán sacerdotes de Dios y de Cristo y reinarán con él mil años» (20, 6).

Por eso, sobre quien participa de la «primera resurrección» la muerte no tiene ningún poder: ni la primera muerte, que es la muerte física del cuerpo, ni la segunda muerte, que es el juicio final. Dos frases después, Juan continúa describiendo la segunda resurrección del justo y la segunda muerte del impío:

> Vi a los muertos, pequeños y grandes, de pie ante el trono. Se abrieron los libros y se abrió otro libro, el de la vida. Los muertos fueron juzgados según sus obras, escritas en los libros. El mar devolvió a sus muertos, Muerte y Abismo devolvieron a sus muertos, y todos fueron juzgados según sus obras. Después, Muerte y Abismo fueron arrojados al lago de fuego –el lago de fuego es la muerte segunda–. Y si alguien no estaba

escrito en el libro de la vida fue arrojado al lago de fuego (Ap 20, 12-15).

Para quienes escuchaban a Jesús sus palabras acerca de la resurrección no tenían ningún sentido. Lo que decía era absolutamente escandaloso: «El que come mi carne y bebe mi sangre tiene vida eterna, y yo lo resucitaré en el último día» (Jn 6, 54); «Yo soy la luz del mundo; el que me sigue no camina en tinieblas, sino que tendrá la luz de la vida» (Jn 8, 12); «En verdad, en verdad os digo: quien guarda mi palabra no verá la muerte para siempre» (Jn 8, 51).

«¿Quién es este tipo?», se preguntaba la gente. «Hay que estar loco para decir esas cosas. O poseído».

> Los judíos le dijeron: «Ahora vemos claro que estás endemoniado; Abrahán murió, los profetas también, ¿y tú dices: "Quien guarde mi palabra no gustará la muerte para siempre"? ¿Eres tú más que nuestro padre Abrahán, que murió? También los profetas murieron, ¿por quién te tienes?" (Jn 8, 52-53).

La respuesta de Jesús corrobora la esperanza en la resurrección del Antiguo Testamento: «Abrahán, vuestro padre, saltaba de gozo pensando en ver mi día; lo vio, y se llenó de alegría» (Jn 8, 56). Es decir, Jesús *es* quien viene a dar cumplimiento a la Antigua Alianza. Jesús *es* quien viene a hacer posible la tan esperada resurrección y a liberar al pueblo del miedo a la muerte.

Pero ¿cómo lo hará? ¿Cómo puede hacerlo?

Parte de la respuesta la tenemos en los milagros que obró Jesús a lo largo de su vida en la tierra.

En el *Catecismo de la Iglesia católica* se nos dice que los sacramentos son «como "fuerzas que brotan" del Cuerpo de Cristo, siempre vivo y vivificante» (CCE § 1116). Estos sacramentos son los medios a través de los cuales Dios «nos resucita» en esta vida. El bautismo devuelve la vida divina a nuestras almas. La Eucaristía alimenta esa vida. La confesión la aviva. La confirmación, el matrimonio y las órdenes sagradas la fortalecen. Y la unción de los enfermos estimula la vida divina en nosotros para sanar nuestros cuerpos y preparar nuestras almas para la vida eterna.

Como dice el *Catecismo*, hoy las gracias de todos estos sacramentos nos llegan a través del Cuerpo de Cristo en la tierra: la Iglesia. Pero antes de que existiera el Cuerpo de Cristo existía *el* cuerpo de Cristo. Antes de la institución de los sacramentos, *el* sacramento es Jesús. Por eso en los evangelios de donde «brota una fuerza» es de su cuerpo físico. En vida de Jesús, esa fuerza obró en los cuerpos de la gente lo que los sacramentos obran desde entonces en las almas.

Esto es algo que en ningún sitio vemos tan explícito como en Lucas 8, cuando una mujer hemorroísa, en medio de una multitud apretujada, toca el manto de Jesús convencida de que lo único que necesita para curarse es el contacto físico con Él.

Y no se equivoca. «Al instante, cesó el flujo de sangre», dice la Escritura (Lc 8, 44). Pero ese contacto no pasa desapercibido. Pese a estar rodeado de gente que lo empuja, Jesús sabe que ese contacto es distinto. «Alguien me ha tocado, pues he sentido una fuerza que ha salido de mí», les dice a los apóstoles (Lc 8, 46).

Se trata de una fuerza que vemos actuar a lo largo de los evangelios cada vez que la palabra de Jesús o el contacto con Él obran en los cuerpos de la gente lo que los sacramentos obran hoy en nuestras almas.

Así, son las palabras de Jesús y el contacto con Él los que devuelven a los muertos la vida física, igual que el bautismo restaura en nuestras almas la vida espiritual. En Lucas 8, 54-55 Jesús tomó la mano de una niña muerta y le habló, y «retornó su espíritu y se levantó al instante». En Juan 11, 43-44 es su voz la que devuelve la vida a Lázaro: «[Jesús] gritó con voz potente: "Lázaro, sal afuera". El muerto salió, los pies y las manos atados con vendas, y la cara envuelta en un sudario».

Son también las palabras de Jesús y el contacto con Él lo que alimenta la vida, lo que nutre los cuerpos de la gente y la fortalece, igual que la Eucaristía alimenta la vida divina en las almas e igual que la confirmación fortalece esa vida. Primero en un llano y luego en la cima de una montaña, Jesús pronuncia una bendición sobre un puñado de peces y unos cuantos panes, parte los panes con sus manos y, de pronto, esa cantidad insignificante de comida es suficiente para alimentar a una muchedumbre: cinco mil personas la primera vez, cuatro mil la segunda (Mt 14, 17-22; 15, 34-38).

Y son las palabras de Jesús y el contacto con Él lo que sana los cuerpos, igual que los sacramentos de la confesión y de la unción de enfermos sanan nuestros cuerpos y nuestras almas. Toca o pone su saliva en los ojos del ciego y este recobra la vista (Mt 20, 34; Mc 8, 23-25; Jn 9, 6). Toca con los dedos los oídos del sordo o pone su saliva en la lengua del mudo, pronuncia una palabra, *Eph'phatha* («ábrete»), y devuelve el oído y el habla (Mc 7, 34-35). Sana a los enfermos con solo decirles que sanen: «Levántate, toma tu camilla y echa a andar» (Jn 5, 8). Y lo mismo con el paralítico: «Te digo: levántate, coge tu camilla y vete a tu casa» (Mc 2, 11). Una palabra suya perdona los pecados: «Viendo Jesús la fe que tenían, le dice al paralítico: "Hijo, tus pecados te son perdonados"» (Mc 2, 5).

Repito: en los evangelios el cuerpo de Jesús obra en nuestros cuerpos lo que los sacramentos obran en nuestras almas. El cuerpo de Jesús sana los cuerpos. El cuerpo de Jesús instruye a los cuerpos. El cuerpo de Jesús alimenta a los cuerpos. El cuerpo de Jesús resucita los cuerpos de los muertos. A lo largo de su ministerio público, brota una fuerza de su cuerpo que devuelve a la gente la plenitud de la vida natural.

Pero no basta con restaurar la vida natural. Jesús vino para mucho más que eso. Y las curaciones que obra en la tierra anuncian ese «más» y demuestran que ese más es posible, es decir, anuncian la futura resurrección y demuestran que Jesús quiere decir exactamente lo que dice cuando promete que resucitaremos con Él en el último día.

Cuando la gente toca a Jesús y queda sanada, o cuando Él toca a la gente y la sana, Jesús demuestra a quien tenga ojos para ver que la muerte le está sometida. A lo largo de su ministerio el Encarnado vence cada una de las formas de la muerte física: la muerte de los ojos en la ceguera, la muerte de los oídos en la sordera, la muerte de los miembros en la parálisis, la muerte de la piel en la lepra, e incluso la muerte de la persona en la enfermedad.

Con cada curación Jesús demuestra a la gente que no debe tener miedo a la muerte. No debe ser esclava de la angustia que siente cuando piensa en la tumba y que la lleva a pecar. Eso es lo que nos dice Hebreos 2, 15: Jesús vino a «liberar a cuantos, por miedo a la muerte, pasaban la vida entera como esclavos». Los milagros de Jesús son un testimonio de la veracidad de sus palabras. Con su predicación Jesús nos garantiza la realidad de la resurrección y sus milagros dan testimonio de su capacidad de hacer nuestro cuerpo como el suyo a través de la resurrección.

Pero ni su predicación ni sus milagros hacen posible nuestra resurrección.

¿Qué la hace posible entonces?

6. LA EUCARISTÍA Y LA RESURRECCIÓN DEL CUERPO

HACE YA MUCHOS AÑOS, en la adolescencia, cuando creía que la resurrección de Jesús era un acontecimiento histórico demostrable por medio de detalles como la tumba vacía y los testigos oculares, no estaba equivocado. La resurrección de Jesús es un acontecimiento histórico. Pero no es *solamente* un acontecimiento histórico. Ni es tampoco un acontecimiento histórico del mismo modo que son acontecimientos históricos la batalla de Waterloo o la llegada del hombre a la luna. Es un acontecimiento histórico *y* es un milagro. Supone una intervención directa de Dios en la historia de la humanidad para lograr por medio de la gracia lo que nunca se habría podido lograr por medio de la naturaleza.

Pero la resurrección de Jesús tampoco es solamente un milagro. Es el cumplimiento de una profecía. En la resurrección de Jesús se cumplen sus propias profecías y las profecías del Antiguo Testamento.

Y la cosa no acaba aquí, porque la resurrección de Jesús no solo da cumplimiento a unas profecías: da cumplimiento a la *totalidad* del Antiguo Testamento. La resurrección de Jesús consuma la alianza de Dios con Israel y revela la Nueva Alianza con el mundo entero.

La resurrección de Jesús es, además, una reivindicación de su inocencia. Demuestra a los fariseos, a los saduceos y a los soldados romanos que Jesús era quien decía ser: el Hijo de Dios, el Mesías, el «Yo Soy» supremo.

No obstante, la resurrección de Jesús tampoco significa solamente que Jesús vuelve de entre los muertos para anunciar: «Os lo dije». Y tampoco consiste en la resurrección de un cadáver como el de Lázaro en Juan 11. Lázaro volvió a la vida solo para acabar muriendo de nuevo. No es eso lo que sucedió con Jesús. Jesús volvió a la vida con un cuerpo incapaz de morir, un cuerpo transfigurado y glorioso, un cuerpo que llevaba las heridas de su crucifixión, pero que también atravesaba muros y que estaba ahora en Emaús y al instante siguiente en Jerusalén.

En este sentido, la resurrección es la prueba suprema de la divinidad de Jesús. Pero es más que eso. Es algo más que todo lo que podría ser la resurrección. La resurrección es la divinización de la humanidad. Es lo creado convirtiéndose en increado, lo temporal entrando en lo eterno. Y *eso* es lo que abre las puertas a nuestra propia resurrección, a nuestra propia transfiguración y glorificación.

Y lo hace no como un acontecimiento aislado, sino como parte de lo que la Iglesia llama el «misterio pascual».

Del viernes santo al domingo de Pascua

Durante mucho tiempo, incluso siendo ya católico, la historia de la salvación fue para mí como un relato en dos partes: la muerte de Jesús y la resurrección de Jesús. En la cruz Jesús se ofrece en sacrificio para expiar nuestros pecados. Luego, el domingo de Pascua, resucita de entre los muertos para traernos la justificación: para aplicarnos a nosotros su justificación.

Y no estaba equivocado. Eso es lo que dice san Pablo de forma explícita en Romanos 4, 25: «Fue entregado por nuestros pecados y resucitó para nuestra justificación». El *Catecismo de la Iglesia católica* lo explica aún más exhaustivamente:

> Hay un doble aspecto en el misterio pascual: por su muerte [Cristo] nos libera del pecado, por su Resurrección nos abre el acceso a una nueva vida. Esta es, en primer lugar, la *justificación* que nos devuelve a la gracia de Dios [...]. [La justificación] consiste en la victoria sobre la muerte y el pecado y en la nueva participación en la gracia (cf. Ef 2, 4-5; 1P 1, 3).

El viernes santo Dios Hijo entrega a Dios Padre lo único que el Padre ha querido siempre de la humanidad: el amor filial. En la cruz, Jesucristo, que en la Encarnación asumió la carne humana y la naturaleza humana, se ofrece a Dios en amorosa obediencia. No permite que lo azoten, lo torturen y lo cuelguen de una cruz por puro sentido del deber o por temor a la ira de Dios. Dice «hágase» por amor. Se sacrifica porque ama al Padre, porque confía en el Padre y porque sabe que todo lo que le pide el Padre lo pide por amor: por un amor perfecto.

Con su «sí» de amor Jesús expía de un modo perfecto las faltas de los hombres. Paga la deuda que nosotros no podemos pagar. Una deuda que no ha contraído

Él, pero que, al unirse a nosotros en la Encarnación, al hacerse hombre, puede pagar por nosotros.

No obstante, la muerte de Jesús no es solo suya. Como dice el gran teólogo del siglo XX F. X. Durrwell:

> La muerte de Jesús es, pues, un movimiento de una envergadura ilimitada. Es un río inmenso, cósmico, canalizado por la humanidad, capaz de arrastrar en sus aguas a todos los seres para la muerte que son los hombres, hombres que nacen de Dios. [...] En Jesús la muerte brilla con un resplandor incomparable. Es divina; es el misterio trinitario del Hijo que, por la potencia infinita del Espíritu, va al Padre, hasta el punto de no ser más que uno con él. Y esta muerte es la salvación universal. JESÚS MUERE LA MUERTE DE TODOS, realizando en la suya la muerte de cada uno[1].

Jesús muere la muerte de todos. Muriendo en la cruz, de alguna manera Jesús hace posible que mueran también todos los que creen en Él.

Y luego, el domingo de Pascua, Jesús resucita. Y, al resucitar, queda derrotado el poder de la muerte sobre la humanidad. Igual que en la muerte del cuerpo de Cristo mueren todos los que creen en Él, todos pueden resucitar en la resurrección de su cuerpo: «Pues lo mismo que en Adán mueren todos, así en Cristo todos serán vivificados» (1Co 15, 22). La misma solidaridad humana que le permite expiar los pecados de los hombres le permite también cambiar para siempre el significado de la muerte del hombre. Así lo explica san Atanasio:

---

[1] François-Xavier Durrwell. *Cristo, el hombre y la muerte*. Madrid, Ed. Paulinas, 1993, pp. 45-46.

> La propia corrupción en la muerte que afecta a los hombres ya no ocupa lugar, porque el Verbo habita en ellos a través de un solo cuerpo. Y como cuando un gran rey llega a una gran ciudad, y habita una sola de sus casas, enteramente la tal ciudad se hace digna de gran honor y ya ningún enemigo o ladrón la asalta para saquearla, sino que es considerada digna de todo respeto, porque el rey habita en una sola de sus casas, así también sucedió con el Rey de todas las cosas, ya que habiendo llegado a nuestra tierra y habitando un solo cuerpo semejante al nuestro, cesó consecuentemente toda la preocupación en los hombres con respecto a los enemigos y la corrupción de la muerte desapareció, cuando antes tenía tanta fuerza entre ellos[2].

La tumba no pudo con Cristo. Por eso no puede tampoco con quienes están unidos a Él.

Por otra parte, al ser la resurrección mucho más que el cuerpo muerto de Jesús resucitado –al ser, de hecho, la glorificación de su humanidad–, la resurrección hace posible la glorificación de toda la humanidad. Trae a todos los que mueren en Cristo la promesa de resucitar como Cristo: «Pues si hemos sido incorporados a él en una muerte como la suya, lo seremos también en una resurrección como la suya» (Rm 6, 5).

Pero ¿qué significa «una resurrección como la suya»?

Recuerda: la resurrección de Jesús no significa solamente que Jesús vuelve a la vida. Significa que Jesús vuelve a una vida nueva con un cuerpo glorioso. Su cuerpo glorioso lleva las heridas de su pasión y muerte, pero no puede morir. Sus amigos más íntimos pueden reconocer

---

[2] Atanasio. *La Encarnación del Verbo*. Madrid, Ciudad Nueva, 1989, p. 55-56.

su cuerpo (y lo reconocen cuando se les aparece en el cenáculo); y, al mismo tiempo, pueden no reconocerlo (ni María Magdalena, ni los discípulos de Emaús, ni los apóstoles a orillas del lago lo reconocen de primeras). Y su cuerpo glorificado se puede agarrar y tocar; puede comer, beber y cocinar; y, a la vez, no está sujeto a las leyes habituales del tiempo y el espacio.

Cristo resucitado no es un fantasma ni un espíritu, pero tampoco es un cuerpo como el que era. Ha resucitado a una vida nueva, y esa es la clase de resurrección, esa es la clase de cuerpo que nos está prometido, «un cuerpo sin gloria [que] resucita glorioso... un cuerpo débil [que] resucita lleno de fortaleza... un cuerpo animal [que] resucita espiritual» (1Co 15, 43-44).

Jueves santo

La historia en dos partes es esta: Jesús que muere y resucita; Jesús que expía nuestras ofensas y nos justifica para que podamos vivir para siempre como hijos adoptivos de Dios. Pero lo que comprendí es que en la historia hay algo más: que en el misterio pascual hay algo más que el viernes santo y el domingo de Pascua. Está también el jueves santo.

La víspera de su muerte, Jesús y sus apóstoles se reúnen en una sala para celebrar la fiesta de la Pascua: la fiesta que recuerda el «paso» del ángel de la muerte salvando a todos los israelitas que celebran la primera fiesta de la Pascua en Egipto. El jueves santo, sin embargo, Jesús no se limita a celebrar la Pascua por última vez, sino que la lleva a plenitud e instituye una nueva fiesta de la Pascua.

Desde sus inicios la Pascua nunca fue solamente una cena: tenía también una parte de sacrificio. Primero mataban el cordero y luego lo comían. Ese cordero, sin embargo, tampoco era solamente un cordero y, en realidad, su sacrificio no podía salvar de la muerte a los israelitas. Los israelitas salvados de la muerte en Egipto durante la primera Pascua acabaron muriendo. Los israelitas que desde entonces celebraron año tras año la cena de la Pascua también murieron. De modo que tanto el cordero como la cena de la Pascua son lo que los especialistas bíblicos denominan «tipos»: prefiguras de verdades y realidades más profundas que aún no han sido reveladas. Prefiguran al verdadero Cordero de Dios que librará al mundo de la muerte y la auténtica fiesta de la Pascua que dará la vida al mundo.

El verdadero Cordero de Dios es Jesucristo, quien aquel jueves santo, en aquella sala, parte el pan y, ofreciéndoselo a sus discípulos, dice: «Esto es mi cuerpo, que será entregado por vosotros»[3]. Luego, al final de la liturgia, toma lo que tradicionalmente se considera la tercera copa de la bendición y anuncia: «Este es el cáliz de mi sangre, sangre de la alianza nueva y eterna, que será derramada por vosotros y por muchos»[4].

Estas palabras pronunciadas durante la cena convierten en sacrificio lo que pocas horas después sucede en el Calvario. Sin ellas la muerte de Jesús no es un sacrificio: no es más que una ejecución, el asesinato cruel y sangriento de un hombre inocente. Con estas palabras, sin embargo, la muerte de Jesús es el sacrificio del verdadero cordero pascual. Es Jesús, nuestro

[3] *Misal romano*. Madrid, Edice, 2016.

[4] Id.

nuevo y eterno sumo sacerdote, ofreciendo el sacrificio de la Pascua de la Nueva Alianza. Esa es la realidad a la que apuntan todos los sacrificios de la Pascua a lo largo de los siglos.

Los acontecimientos del jueves santo se prolongan hasta el viernes santo, convirtiendo la ejecución que tiene lugar en la cruz en sacrificio salvador. Y no se detienen ahí. Se prolongan también hasta el domingo de Pascua, convirtiendo la humanidad resucitada, glorificada y deificada de Jesús en comunicable, distribuible y comestible para todos los que participan en el sacrificio pascual de la Nueva Alianza: la Eucaristía.

El pan vivo

Bastante antes de emprender el empinado camino del Calvario, Jesús dice a quienes le escuchan cómo tendrá lugar nuestra resurrección: «Yo soy el pan vivo que ha bajado del cielo; el que coma de este pan vivirá para siempre» (Jn 6, 51).

¿Y qué es ese pan? Nos lo dice Jesús en ese mismo versículo: «El pan que yo daré es mi carne por la vida del mundo» (Jn 6, 51).

No es de extrañar que a quienes escuchan a Jesús su proyecto de resurrección les parezca claramente no *kosher*: «¿Cómo puede este darnos a comer su carne?», preguntan (Jn 6, 52).

Entonces Jesús concreta aún más:

> En verdad, en verdad os digo: si no coméis la carne del Hijo del hombre y no bebéis su sangre, no tenéis vida en vosotros. El que come mi carne y bebe mi sangre tiene

> vida eterna, y yo lo resucitaré en el último día. Mi carne es verdadera comida, y mi sangre es verdadera bebida. El que come mi carne y bebe mi sangre habita en mí y yo en él (Jn 6, 53-56).

Más tarde, el jueves santo, en el cenáculo, nos muestra cómo es posible tal cosa tomando primero el pan y luego la copa y diciendo: «Esto es mi cuerpo... Este es el cáliz de mi sangre»[5], y ordenando a los doce: «Haced esto en conmemoración mía». En el griego original del evangelio de Lucas la palabra que traducimos como «conmemoración» es *anamnesis,* que significa algo más que un simple «recuerdo»: indica un modo de recordar los acontecimientos del pasado por el que el pasado se convierte en presente. Es decir, no se trata de repetir una acción del pasado, sino de incorporarse a dicha acción.

Por eso, cuando Jesús dice a los apóstoles «haced esto en conmemoración mía», les está ordenando ofrecer en el tiempo lo que Él va a ofrecer al día siguiente en el Calvario y lo que ofrece eternamente en el cielo. Los apóstoles no repiten el sacrificio. No pueden hacerlo. Lo que no acaba nunca no se puede repetir. Los apóstoles lo hacen presente. Hacen presente la ofrenda permanente de sí mismo hecha por Jesucristo.

Y al mismo tiempo nos permiten participar en el nuevo sacrificio pascual.

En la Eucaristía comemos el Cordero de Dios igual que los israelitas comían el cordero del sacrificio. El Cordero es Cristo resucitado. En cada misa comemos el cuerpo resucitado y glorioso de Jesús bajo la apariencia de pan y vino. Comemos la carne y bebemos la sangre

---

[5] Ibid.

de Dios que se hizo hombre, murió y resucitó. El cuerpo que comemos es el mismo cuerpo que colgó de la cruz, que yació en el sepulcro y que resucitó de entre los muertos. Ese cuerpo es también el mismo que atravesaba los muros; el mismo que era capaz de estar ahora en Emaús y al instante siguiente en Jerusalén; el mismo que ascendió a los cielos y está sentado a la derecha del Padre.

Pero Dios no resucita a Jesús de entre los muertos para luego recibirlo en el cielo el jueves de la Ascensión y mantenerlo agazapado detrás de algún trono celestial, a salvo de cualquier mal letal que puedan causarle los hombres. Jesús tampoco asciende a los cielos para autoprotegerse o para esconderse del mundo en el santuario de su Padre. La Ascensión, si acaso, convierte a Jesús en santuario. Lo convierte en lugar de refugio para todos los que creen en Él. Y lo convierte en el sumo sacerdote eterno que se ofrece a nosotros sin cesar, se entrega a nosotros sin cesar, se nos comunica sin cesar.

La sagrada comunión

Antes de su pasión, muerte y resurrección, Jesús era el rey de reyes. Ya antes de la Encarnación Jesús era el rey de reyes. Jesús ha sido siempre Señor de la creación, el auténtico rey que los reyes de la tierra solo son capaces de reflejar en parte. Pero no era el sumo sacerdote eterno. Lo que lo convierte en sumo sacerdote real es el sacrificio instituido el jueves santo, ofrecido el viernes santo y perpetuado para siempre después de su Resurrección y su Ascensión al cielo.

Como sumo sacerdote nuestro, Jesús se ofrece a sí mismo incesantemente. Y en la misa nosotros, miembros de su cuerpo, adoptados dentro de la familia de Dios a través del bautismo, lo recibimos incesantemente. Recibirlo hace posible lo que Jesús nos prometió hace tiempo: que quien comiera su sangre y bebiera su sangre no perecería, sino que tendría vida eterna. En la sagrada comunión se incorpora a nuestros cuerpos mortales para que nosotros podamos incorporarnos a su cuerpo inmortal y glorioso.

Reflexionando sobre cómo es posible tal cosa escribe Joseph Ratzinger (el papa Benedicto XVI):

> Comunión significa que la barrera aparentemente insuperable de mi yo es salvada y puede ser salvada porque Jesús ha sido el primero en querer abrirse todo él, nos ha acogido a todos dentro de él y se ha dado totalmente a nosotros. Comunión significa, pues, fusión de las existencias; como en la alimentación puede el cuerpo asimilar una sustancia extraña y así vivir, también mi yo es asimilado al mismo Jesús, hecho semejante a él en un intercambio que rompe cada vez más la línea de separación[6].

Cuando nos comemos una hamburguesa, una *pizza* o una manzana, esa hamburguesa, esa *pizza* o esa manzana se convierten en parte de nosotros. Nuestros cuerpos las asimilan. Pero, cuando comemos el Cuerpo y la Sangre de Jesús en la sagrada comunión, lo que ocurre es justo lo contrario. No son nuestros cuerpos los que asimilan a Jesús, sino que su cuerpo nos asimila a nosotros. No es Él quien se convierte en parte de nuestro cuerpo: somos nosotros quienes nos convertimos en parte de su cuerpo.

---

[6] Joseph Ratzinger. *La Iglesia, una comunidad siempre en camino*. Madrid, San Pablo, 2005, p. 33.

A través de este misterioso intercambio de gracia, la Eucaristía pasa a ser la causa instrumental de nuestra resurrección. Actúa en nuestras almas igual que la comida o las medicinas: nos alimenta con la vida de Dios, sana nuestras almas de las consecuencias del pecado venial y nos va haciendo santos día a día. Es la Eucaristía la que alimenta nuestras almas, fortalece nuestro compromiso de vivir en gracia y nos une al resto de los creyentes, integrándonos corporativamente en el Cuerpo de Cristo. Y es la Eucaristía la que infunde en nuestros cuerpos mortales la capacidad de ser divinizados, glorificados y resucitados en el Cuerpo de Cristo. Como dice el *Catecismo*, la Eucaristía es «semilla de vida eterna y poder de resurrección» (CCE § 1524).

Por eso en las Escrituras cada aparición de Cristo resucitado tiene lugar en el contexto de una comida y –cuando se especifica el día– en domingo. Estas apariciones –en el camino de Emaús, en el cenáculo, a orillas del lago– tienen matices eucarísticos. Jesús parte el pan con sus apóstoles y les da de comer; y, al hacerlo así, nos ayuda a entender que la resurrección convierte su cuerpo en algo que a partir de ahora es distribuible, comunicable y comestible. Su cuerpo ha sido glorificado y su humanidad divinizada; y, cuando ese cuerpo penetra en nosotros, nos hace capaces de ser también glorificados y divinizados, de ser resucitados en el último día.

Recordemos: «Yo soy el pan vivo que ha bajado del cielo; el que coma de este pan vivirá para siempre... El que come mi carne y bebe mi sangre tiene vida eterna, y yo lo resucitaré en el último día» (Jn 6, 51; 54).

Pero ¿qué ocurrirá después? ¿Qué vendrá después del «último día»?

7. LA RENOVACIÓN DEL UNIVERSO

HACE POCO TUVE UNA conversación con alguien que no es católico, pero que intentaba honradamente entender qué creen los católicos acerca de la Eucaristía. Pero no lo conseguía. Por mucho que yo le dijera, no le cabía en la cabeza que un hombre mortal pusiera sus manos sobre el pan y el vino, repitiera unas palabras pronunciadas por Jesús hace dos milenios y transformara ese pan y ese vino en el Cuerpo y la Sangre de Jesucristo.

Hice todo lo que pude para ayudarle a entender que esos hombres no actúan con poderes propios, sino que la ordenación les ha conferido el poder de actuar *in persona Christi*, en la persona de Cristo. Ese poder lo han recibido de su obispo, quien a su vez lo ha recibido de otro obispo, y este de otro, y así sucesivamente. Esta línea de sucesión –de un obispo que transmite a otro el poder de actuar *in persona Christi*– se remonta hasta los apóstoles, quienes a su vez lo recibieron del mismo Jesús.

Aquel hombre no acababa de pasar por el aro. Y una parte de mí se sentía incapaz de culparlo.

Los católicos estamos tan acostumbrados a nociones como la transustanciación, la ordenación, la consagración, la sucesión apostólica, etc., que no siempre somos conscientes de lo descabelladas que parecen. Y es que lo que creemos es que el pan se convierte en Cuerpo: en el Cuerpo de Cristo, el Cuerpo de Dios hecho hombre. Y creemos también que ese Cuerpo infunde en nosotros la vida misma de Dios; que hace de nuestros cuerpos templos vivos del Dios vivo.

Son cosas que, de no ser por la fe, abocan a la mente a la incredulidad. No puede ser verdad. A menos que lo sea.

El caso es que la Eucaristía es mucho más increíble de lo que podemos llegar a pensar. Es importante que lo reconozcamos. No podemos permitirnos subestimarla. Hemos de verla como el acto radical de gracia que es. Y, si lo hacemos así, somos capaces de apreciar la auténtica gloria de lo que ocurre en el altar en cada misa. Y lo que es más importante: somos capaces de apreciar esa gloria aún mayor que la transustanciación hace posible –la resurrección de nuestros cuerpos– y la gloria todavía mayor a la que apunta la transustanciación: la gloria de lo que está por venir.

La primera parusía

Antes de hablar de la gloria que será, vamos a repasar qué creemos acerca de la gloria que ya es: la Eucaristía.

Cuando recibimos la Eucaristía, recibimos a Jesucristo con su Cuerpo y su Sangre, con su Alma y su Divinidad. Esto es lo que aprenden cualquier niña y cualquier niño católicos antes de hacer la primera comunión, y esta es la fe tradicional de la Iglesia que el mismo Jesús nos enseñó: «Mi carne es verdadera comida, y mi sangre es verdadera bebida» (Jn 6, 55); «Esto es mi cuerpo… esta es mi sangre» (Mt 26, 26-28).

Jesucristo está verdadera y realmente presente en la Eucaristía, con una presencia tan real como cuando caminaba por las calles de Jerusalén y tan real como cuando regrese al final de los tiempos. Es una auténtica *parusía*, una auténtica venida. Y nos transforma.

En cada misa, en cada sagrada comunión, Jesús nos entrega su vida divina. Como hemos dicho antes, a esa vida la Iglesia la llama gracia santificante. Es la vida que Dios insufló en Adán al principio de la creación y que poseían Adán y Eva hasta que cometieron el error de escuchar a la serpiente. Esa gracia santificante es lo que perdimos y lo que Jesús nos devuelve en el bautismo.

La Eucaristía es Dios que continúa alimentándonos con ese don. Nos alimenta de Él para dar a nuestras almas lo que necesitan en nuestro recorrido por este mundo. Cuando recibimos la Eucaristía con frecuencia, dignamente y con reverencia, quedamos sanados. Quedamos confortados. Quedamos fortalecidos. Recibimos el poder de vivir la vida que Dios nos llama a vivir, de hacer los sacrificios que nos llama a hacer y de ser las personas que nos llama a ser. La Eucaristía, en definitiva, nos santifica, nos ayuda a ser santos.

Pero eso no ocurre por el mero hecho de que lo que recibimos es el Cuerpo y la Sangre, el Alma y la Divinidad de Jesucristo. En la Eucaristía recibimos algo más.

Decir una cosa así –que, cuando recibimos la Eucaristía, recibimos algo más que a Jesucristo, Rey de reyes y Señor de señores– parece imposible. ¿Qué *más* se puede recibir?

Se puede recibir más. Porque allí donde está el Hijo están también presentes el Padre y el Espíritu Santo.

Así que, cuando recibes a Jesús, ahí, en tu lengua, está enteramente la Santísima Trinidad. Y, donde está la Santísima Trinidad, también están la Virgen, los ángeles y todos los santos. Y, allí donde están ellos, están también la nueva creación, el misterio pascual y toda doctrina proclamada por la Iglesia.

En la sagrada comunión no solo tragamos la Eucaristía. Tragamos el credo. Tragamos la historia de la Revelación, el Evangelio, el depósito de la fe, toda verdad que profesamos y todo momento de la historia de la salvación. Todo eso está en nuestra lengua en la sagrada comunión. Todo eso está en cada sagrario de cada Iglesia católica de cada ciudad del mundo.

En una Hostia consagrada hay más gloria de lo que la mente es capaz siquiera de empezar a apreciar en su justa medida. Y esa gloria alimenta nuestros cuerpos y nuestras almas preparándolos no solo para nuestro recorrido por esta vida, sino también para lo que vendrá después de ella.

De un modo misterioso, milagrosamente, cuando un sacerdote, un hombre mortal, pone sus manos sobre el pan y el vino, ese pan y ese vino se convierten en Cuerpo y en Sangre. Y cuando recibimos ese Cuerpo y esa Sangre, cuando los introducimos en nuestros cuerpos, nos incorporan al Cuerpo de Cristo permitiéndonos resucitar, en cuerpo y alma, en Cristo.

Sí, la transustanciación es una especie de fusión nuclear. Pone en marcha un proceso que crea algo totalmente nuevo: un nuevo nosotros.

Ante la pregunta «¿cómo es posible que los muertos resuciten con sus propios cuerpos?» dice el *Catecismo* que la respuesta «sobrepasa nuestra imaginación y nuestro entendimiento; no es accesible más que en la fe» (CCE § 1000). Y a continuación apunta a la Eucaristía explicando:

> Nuestra participación en la Eucaristía nos da ya un anticipo de la transfiguración de nuestro cuerpo por Cristo: «Así como el pan que viene de la tierra, después de haber recibido la invocación de Dios, ya no es pan ordinario, sino Eucaristía, constituida por dos cosas, una terrena y otra celestial, así nuestros cuerpos que participan en la Eucaristía ya no son corruptibles, ya que tienen la esperanza de la resurrección» (San Ireneo de Lyon, *Adversus haereses*, 4, 18, 4-5).

Recuerda que eso es lo que afirma Jesús en Juan 6 cuando predica a la gente: «El que come mi carne y bebe mi sangre tiene vida eterna, y yo lo resucitaré en el último día» (6, 54).

Cuando comemos la Eucaristía, comemos el medio para nuestra resurrección. Sagrada comunión tras sagrada comunión, el Cuerpo de Cristo confiere a nuestros cuerpos el poder que los hace capaces de resucitar, que los hace cuerpos capaces de vivir para siempre, cuerpos capaces de ser glorificados como el mismo cuerpo de Cristo.

Y si un hombre mortal, actuando *in persona Christi* y pronunciando las palabras de la consagración, puede ayudar a obrar una transformación así, ¡imagínate qué transformación será capaz de obrar Jesús, sumo sacerdote eterno, al final de los tiempos! Imagínate cómo brillará la gloria cuando la realidad última a la que apunta la Eucaristía se manifieste en el Juicio Final.

En Isaías 11, y más adelante en el libro del Apocalipsis, tanto Isaías como san Juan se refieren a una tierra con «cuatro extremos» (Is 11, 12; Ap 7, 1). Y no porque los dos fueran miembros de la Asociación Terraplanista, sino porque esa era la forma habitual de hablar del mundo y porque veían la tierra como un altar, un altar muy concreto: el altar que Dios mandó construir a Moisés en el Éxodo. Ese altar tenía cuatro extremos con un saliente en cada uno de ellos, y era allí donde los sacerdotes levitas ofrecían al Señor los sacrificios de expiación (Ex 27, 2).

¿Qué relación hay entre ambas cosas: entre el mundo de las visiones de Isaías y de Juan y el altar del Antiguo Testamento?

Creo que eso lo sabremos al final de los tiempos. Se nos ha dicho que, cuando llegue el escatón, la Iglesia, el Cuerpo de Cristo, pasará por grandes pruebas, pruebas parecidas en muchos aspectos a aquellas por las que pasó el cuerpo físico de Jesús hace dos mil años. Sus miembros serán rechazados, perseguidos y martirizados; sus sacerdotes encarcelados, torturados y ejecutados. Y luego vendrá Jesús de nuevo.

Cuando venga, me imagino que a todos los sacerdotes mártires les dirá: «¡Bien, siervos buenos y fieles! Habéis hecho lo que debíais hacer. Ahora apartaos, que me toca a mí».

Luego pondrá sus manos sobre el altar de la tierra y dirá: «Esto es mi Cuerpo». Pero esta vez lo que se transustanciará no serán el pan y el vino, sino los cielos y la tierra. Lo que se transustanciará en el Cuerpo de Cristo glorificado serán el polvo y los huesos de todos los santos.

No olvides nunca que la Iglesia no es un Cuerpo en sentido metafórico. Es metafísicamente un cuerpo. Y cuando tengamos nuestros cuerpos resucitados no dejaremos de ser miembros de ese Cuerpo. Tendremos un cuerpo como Jesús tiene un cuerpo. Seremos cuerpos resucitados, glorificados. Pero también entraremos en una comunión más honda con el Cuerpo de Cristo. Seremos miembros del cuerpo de Cristo de un modo más real y más cierto que el modo en que mis brazos y mis piernas son ahora mismo miembros de mi cuerpo.

Eso es lo que quiere decir san Pablo en 1 Corintios 15: que el clímax de todas las misas celebradas será el escatón, la *parusía*, la presencia real del Señor de señores en su cuerpo, y que nosotros formaremos parte de él:

> No todos moriremos, pero todos seremos transformados. En un instante, en un abrir y cerrar de ojos, cuando suene la última trompeta; porque sonará, y los muertos resucitarán incorruptibles, y nosotros seremos transformados. Porque es preciso que esto que es corruptible se vista de incorrupción, y que esto que es mortal se vista de inmortalidad. Y cuando esto corruptible se vista de incorrupción, y esto mortal se vista de inmortalidad, entonces se cumplirá la palabra que está escrita: «La muerte ha sido absorbida en la victoria» (1Co 15, 51-54).

En el escatón nuestros cuerpos pasarán de ser corruptibles a ser incorruptibles. Y el Cuerpo de Cristo en la tierra también se transformará. Todo lo que ha arruinado la belleza de la Iglesia a lo largo del tiempo –los pecados, los errores y la conducta extraviada de sus miembros– desaparecerá, y veremos a la Iglesia tal cual es –Madre, Esposa y Cuerpo– perfeccionada en la gloria. En la *Lumen gentium* dice el Concilio Vaticano II:

> La Iglesia, a la que todos estamos llamados en Cristo Jesús y en la cual conseguimos la santidad por la gracia de Dios, no alcanzará su consumada plenitud sino en la gloria celeste, cuando llegue el tiempo de la restauración de todas las cosas y cuando, junto con el género humano, también la creación entera, que está íntimamente unida con el hombre y por él alcanza su fin, será perfectamente renovada en Cristo[1].

Y aún hay más: como afirma el pasaje que acabamos de citar, lo que quedará transformado al final de los tiempos no serán solamente nuestros cuerpos y la Iglesia, sino el mundo entero… y más. «El mismo universo será renovado», dice el *Catecismo* (CCE 1042). Esta «renovación misteriosa» (CCE 1043) de todo lo que existe en el tiempo y el espacio es a lo que se refiere la Sagrada Escritura cuando habla de unos «cielos nuevos» y una «tierra nueva» (2P 3, 13), y de una «Jerusalén celestial» en que el reino de Dios llegará a su plenitud y el Dios de todas las cosas «tendrá su morada entre los hombres» (CCE 1044).

En este nuevo universo transformado Dios «enjugará toda lágrima de sus ojos» (Ap 21, 4), todo dolor, toda fatiga, todo llanto, y se manifestará a sus hijos «de modo inagotable». Esto es lo que la Iglesia llama «visión beatífica», «fuente inmensa de felicidad, de paz y de comunión mutua» para los que se hayan salvado (CCE 1045).

---

[1] Concilio Vaticano II. *Lumen gentium* (1964), § 48.

El *Catecismo* concluye con una cita de la carta de san Pablo a los romanos:

> En cuanto al cosmos, la Revelación afirma la profunda comunidad de destino del mundo material y del hombre: «Pues la ansiosa espera de la creación desea vivamente la revelación de los hijos de Dios [...] en la esperanza de ser liberada de la servidumbre de la corrupción [...] Pues sabemos que la creación entera gime hasta el presente y sufre dolores de parto. Y no solo ella; también nosotros, que poseemos las primicias del Espíritu, nosotros mismos gemimos en nuestro interior [...] anhelando el rescate de nuestro cuerpo» (*Rm* 8, 19-23). Así pues, el universo visible también está destinado a ser transformado, «a fin de que el mundo mismo restaurado a su primitivo estado, ya sin ningún obstáculo esté al servicio de los justos», participando en su glorificación en Jesucristo resucitado (San Ireneo de Lyon, *Adversus haereses* 5, 32, 1) (CCE 1046-47).

La segunda parusía

Antes de seguir hablando de la futura creación, regresemos unos instantes a lo que previamente nos llegará a todos y cada uno de nosotros: la muerte.

En el momento de la muerte el alma abandona el cuerpo. Este inicia un largo y lento proceso de descomposición, mientras que el alma pasa de inmediato por el primer juicio, al que nos solemos referir como «juicio particular» (CCE 1022). En ese juicio particular descubrimos las consecuencias de las elecciones que hemos hecho a favor o en contra de Cristo a lo largo de nuestra vida. Si durante nuestra vida terrenal hemos aceptado las gracias de salvación que se nos han ofrecido, descubrimos que nuestro destino eterno es el cielo. Nuestro destino eterno es Dios. Pero, si durante nuestra vida terrenal hemos rechazado esas gracias de salvación, nuestro destino eterno es el infierno. Nuestro destino eterno no es Dios.

En ese momento ya no hay vuelta atrás. El tiempo para escoger entre Dios o no Dios acaba cuando se acaba nuestra vida. La sentencia que se dicta es definitiva. Y es una sentencia justa.

El juez divino que es Jesucristo lo ve y lo conoce todo. Conoce cada gota de gracia que se nos ha ofrecido en cada momento de nuestras vidas. Conoce cada circunstancia que puede haber impedido que escojamos libremente la gracia. Y conoce los deseos más hondos y sinceros de nuestro corazón. Si al final de nuestros días nuestra sentencia es el infierno, es porque hemos elegido el infierno. El infierno es lo que deseamos.

Quienes han elegido el infierno van a él de inmediato. No regresan a la casilla de salida y vuelven a tirar. Se quedan para siempre sin la presencia de Dios.

Quienes han dicho sí a las gracias de salvación, quienes han elegido a Dios, van a uno de estos dos sitios: o bien se reúnen con los santos en el cielo, o bien pasan por un proceso de purificación –el purgatorio– que los capacita para acabar gozando definitiva y plenamente de las alegrías del cielo.

Insisto: nuestro destino final se decide en el momento de nuestra muerte, en nuestro juicio particular. Pero aún hay otro juicio más: el juicio final.

Sabemos que al final de los tiempos «todos los hombres que han muerto resucitarán» y que «viene la hora en que los que están en el sepulcro oirán su voz: los que hayan hecho el bien saldrán a una resurrección de vida; los que hayan hecho el mal, a una resurrección de juicio» (CCE 998; Jn 5, 29).

En el juicio final todo lo que hemos hecho tú y yo, lo bueno y lo malo, lo sabrá la humanidad entera. Ningún pecado oculto, ninguna buena obra oculta seguirá estando oculta. Todo el mundo las verá. Todo el mundo las conocerá.

Y, una vez celebrados todos los juicios, tanto los elegidos como los condenados recobrarán sus cuerpos. El dolor y la aflicción de los cuerpos de los condenados serán aún mayores. Y el gozo de los cuerpos de los elegidos también será mayor, haciéndolos capaces de participar más plenamente de las glorias del cielo.

Y ahora ha llegado el momento de hablar de esos cuerpos.

8. EL CUERPO GLORIFICADO

SI RETROCEDES A LO QUE HABLAMOS en el capítulo 2, recordarás que el designio de Dios no era que el cuerpo y el alma del hombre estuvieran separados. Dios creó a la persona humana como unión de alma y cuerpo; y, si Adán no hubiera pecado, esa unidad habría permanecido intacta. La separación que se produce con la muerte es consecuencia del pecado original.

Con su muerte y su resurrección, Jesús abrió el camino hacia la reunificación. Igual que el cuerpo y el alma de Jesús –una vez resucitado, transformado y glorificado– volvieron a unirse, así volverán a unirse todas nuestras almas y nuestros cuerpos una vez seamos resucitados, transformados y glorificados. El cuerpo que se una a tu alma será tu propio cuerpo –el mismo que ahora está leyendo estas palabras–, pero será diferente.

Cómo es posible tal cosa –técnicamente posible– es un misterio. Los santos y los teólogos llevan dos mil años especulando al respecto. ¿Qué relación hay entre el cuerpo que será y el cuerpo que es aquí y ahora? ¿Qué aspecto tendrá? ¿Qué hará? ¿Con qué edad resucitará? Quienes mueren siendo niños

¿resucitarán con cuerpos de niños o sus cuerpos resucitados habrán crecido?

¡Cuántas preguntas se hace el hombre acerca de la resurrección! Pero, por desgracia, Dios nos ha dado muy pocas respuestas.

Según el *Catecismo*, lo que sabemos de nuestros cuerpos resucitados son exactamente cinco cosas: 1) «Dios... dará definitivamente a nuestros cuerpos la vida incorruptible uniéndolos a nuestras almas, por la virtud de la Resurrección de Jesús»; 2) «Todos los hombres que han muerto resucitarán»; 3) «Todos resucitarán con su propio cuerpo, del que ahora están revestidos»; 4) Existe una relación entre nuestra resurrección y la Eucaristía; 5) La resurrección tendrá lugar en «el último día» (CCE 997-1001).

Esto es lo que hay. Esto es todo lo que podemos saber con seguridad acerca de lo que permanece oculto tras el velo. El resto «sobrepasa nuestra imaginación y nuestro entendimiento; no es accesible más que en la fe» (CCE 1000).

Lo cual, evidentemente, no ha impedido que a lo largo de los siglos santos y teólogos hayan dicho algo más.

Tu cuerpo... solo que diferente

La mayoría de las mentes católicas que han lidiado con las cuestiones relativas a la resurrección de nuestros cuerpos han recurrido a las palabras de san Pablo en 1 Corintios 15, que es el comentario más completo que nos proporciona la Sagrada Escritura sobre el tema. Es ahí donde Pablo explica que la relación entre nuestros cuerpos terrenales y celestiales es como la que existe entre la semilla y el trigo que nace de ella: «Y al sembrar, no siembras el cuerpo que llegará a ser, sino un simple grano, de trigo, por ejemplo, o de cualquier otra planta» (1Co 15, 37).

Esta idea de la continuidad entre la semilla y el grano ha inspirado un montón de metáforas para explicar cómo restaurará Dios unos cuerpos que llevan tanto tiempo reducidos a polvo. Entre las favoritas se cuentan los templos reedificados, las vasijas remodeladas y los barcos reconstruidos. E incluso el mítico ave fénix resurgiendo de sus cenizas. No obstante, sean cuales sean los intentos que se han hecho de explicar la resurrección, siempre acaba siendo materia de fe y una cuestión de confianza. Como escribió Tertuliano en el Cartago del siglo II, «no hay duda que pueda restituir la carne el que la hizo»[1].

Mil años después, santo Tomás de Aquino retomó el trabajo de los primeros Padres de la Iglesia para elaborar la reflexión más detallada de la Iglesia acerca de cómo serán esos cuerpos nuestros resucitados. Según santo Tomás, todos los cuerpos resucitados poseen en común tres «condiciones» o rasgos identificativos[2].

La primera condición es la cualidad. Y la cualidad entendida en dos aspectos. El primero tiene que ver con un atributo específico del cuerpo resucitado: el sexo. A juicio de santo Tomás, el sexo no desaparece en el cielo. Si en esta vida tu cuerpo es masculino, será masculino en la vida venidera. Y si en esta vida tu cuerpo es femenino, será femenino en la venidera.

---

[1] Tertuliano. *De la resurrección de la carne,* 11.

[2] Para profundizar en el comentario de Aquino sobre los cuerpos resucitados, ver *Suma teológica* III, supl., c. 75-85.

Dios creó a la persona humana varón y mujer, y eso es lo que seguirán siendo.

Aunque esto pueda parecer una obviedad, no lo era ni para los gnósticos de los primeros siglos del cristianismo ni para los cátaros (o albigenses) de tiempos de santo Tomás. Ambas herejías afirmaban que las mujeres no podían entrar en el cielo hasta que no quedaran milagrosamente transformadas en hombres. Santo Tomás intentó contrarrestar este error poniendo el acento en que la «cualidad» hace en parte referencia a la naturaleza del objeto.

Existe otro aspecto de la «cualidad» que tiene que ver con la condición o la forma que adquirirá el cuerpo resucitado. Santo Tomás defendía que, sea cual sea la edad a la que muramos –a los noventa y nueve años o a los nueve minutos de nacer–, todos los cuerpos resucitados resucitarán «en el estado de la última perfección»[3]. Es decir, nuestros cuerpos resucitarán en el momento de mayor esplendor de su fuerza física, su salud y su atractivo.

La segunda condición que comparten todos los cuerpos resucitados es lo que santo Tomás llama identidad, es decir, que tu cuerpo seguirá siendo tu cuerpo y tú seguirás siendo tú. La misma alma que posees ahora se unirá de nuevo al mismo cuerpo (aunque resucitado y glorificado) que tienes ahora. Lo cual no quiere decir que tu aspecto sea exactamente el mismo que posees en este momento (o el de cuando te encontrabas en «la flor de la vida»). Recuerda que, después de la resurrección de Jesús, sus amigos más íntimos y su familia no siempre lo

---

[3] Tomás de Aquino. *Suma teológica* III, sup., c. 81, a. 1

reconocieron. Unas veces sí y otras no. Unas veces parecía él y otras no lo parecía.

Según santo Tomás, lo mismo ocurrirá con nosotros. Y añade que, afortunadamente, estando en el cielo, no encontraremos las mismas dificultades que los apóstoles a la hora de reconocer a nuestros amigos y a nuestros seres queridos. Dios se asegurará de que reconozcas a tu abuela Pepita y a tu tío Julián, por muy distintos que te puedan parecer sus cuerpos resucitados del recuerdo que guardas de ellos.

Esto nos lleva a la tercera condición de nuestros futuros cuerpos: la integridad. Sea lo que sea lo que le ocurra a tu cuerpo en esta vida, en la próxima estará completo. Quienes hayan perdido algún miembro en la tierra lo recuperarán en el cielo. Quienes no podían ver u oír en este mundo verán y oirán en el cielo. Y a aquellos cuyo cuerpo quedó destrozado o arrasado por el fuego en el momento de la muerte, o cuyos huesos fueron triturados, o cuya identidad física quedó totalmente aniquilada por una explosión nuclear, a todos ellos se les restituirá su cuerpo completo en el cielo. Eso es lo que quería decir Tertuliano cuando escribió: «La imperfección de los cuerpos es un accidente; lo que nos es propio es la integridad. Somos restituidos a la naturaleza, no a su defecto»[4].

Tu cuerpo... solo que mejor

Todos los cuerpos resucitados –los cuerpos de los justos y los cuerpos de los condenados– serán de la

[4] Tertuliano, op. cit., 57.

misma condición de la que eran en vida. Seguirán identificándose como nuestros cuerpos y estarán íntegros, completos e intactos. Pero los cuerpos de los bienaventurados resucitados a la vida eterna junto a Dios poseerán cuatro condiciones más.

La primera condición es la impasibilidad. Retomando las palabras de san Pablo acerca del cuerpo resucitado –«se siembra un cuerpo corruptible, resucita incorruptible» (1Co 15, 42)–, la interpretación que santo Tomás extrae de ellas es que los cuerpos resucitados de los bienaventurados no pueden enfermar ni sentir dolor, no pueden envejecer ni pueden morir. Serán incorruptibles, estarán totalmente exentos de los efectos de la enfermedad, las lesiones o el tiempo. Tampoco estarán sujetos a pasiones físicas como la lujuria o el hambre, y no tendrán necesidad de comer (aunque puedan hacerlo) ni de mantener relaciones sexuales.

La segunda condición de los resucitados a la vida eterna es lo que santo Tomás llama sutileza. Significa que nuestros cuerpos –pese a ser reales y concretos y estar presentes en el espacio y el tiempo– también poseerán un brillo que los hará prácticamente etéreos. Lo cual no quiere decir que vayan a atravesar paredes: eso es un milagro. Pero sí dejaremos de tener esa sensación de peso con que los percibimos en esta vida. También seremos capaces de comunicarnos plenamente con los demás: de comunicar pensamientos, sentimientos y todo lo que somos. Todo lo que en esta vida nos cuesta entender de los demás o compartir con ellos desaparecerá en la vida futura.

La tercera condición que menciona santo Tomás es la agilidad. Es decir, «se siembra un cuerpo débil, resucita lleno de fortaleza» (1Co 15, 43). Lo que santo

Tomás entiende por agilidad no es que nuestros cuerpos estarán mejor coordinados que en este mundo: quiere decir que la coordinación será tan perfecta que, a su lado, los movimientos de los mejores atletas y de los grandes bailarines de ballet solo serán una sombra. De hecho, nuestros cuerpos harán todo lo que quieran hacer, y lo harán de un modo perfecto: encestar balones, hacer piruetas, saltar edificios y volar por el aire. Cualquier deseo que alberguemos en esta vida –movernos con gracia y ligereza, planear en el aire o flotar sin esfuerzo– lo tenemos porque, en cierto modo, para eso fueron creados nuestros cuerpos. Y en el cielo podremos hacerlo con total facilidad.

La agilidad significa también que nuestros deseos se verán satisfechos al instante: estar al instante donde queremos estar, ver al instante lo que queremos ver. Si en el cielo deseas pasar un rato entre verdes praderas, bastará con tener ese pensamiento para que te encuentres en ellas. Si en el cielo quieres ver a tu tataratataratatarabuelo, lo verás de inmediato, en cuanto quieras verlo. Tu cuerpo se moverá a la misma velocidad que tus pensamientos: se hallará totalmente sujeto a tu mente, y no a las leyes terrenales del espacio y el tiempo.

Pero ninguno de los movimientos del cuerpo glorificado responderá a nuestro capricho. Cualquier movimiento que hagamos estará inspirado por la sabiduría divina y ordenado a conocer y a amar mejor a Dios, porque manifestaremos más claramente y percibiremos más plenamente la gloria de su creación y la belleza de todos sus santos.

La última cualidad que santo Tomás atribuye a los cuerpos glorificados de los bienaventurados es la claridad. En cierto sentido, eso significa que nuestros cuerpos brillarán literalmente: «Los sabios brillarán como el fulgor del firmamento, y los que enseñaron a muchos la justicia, como las estrellas, por toda la eternidad», dice el libro de Daniel (12, 3). Eso es lo que quieren transmitir tantas pinturas de santos con su halo. No obstante, dichas imágenes solo logran trasladar una parte de esa verdad: la verdad que nos dice que todos los bienaventurados se parecerán a Jesús en su Transfiguración, cuando «su rostro resplandecía como el sol» y «sus vestidos se volvieron blancos como la luz» (Mt 17, 2). Esa luz es la santidad y en el cielo la poseerán todos. Irradiaremos santidad. Iluminaremos desde nuestro interior gracias al fuego del amor de Dios, y ese amor nos dotará de una belleza literalmente deslumbrante.

La claridad, no obstante, significa algo más que el simple brillo. Ya, aquí y ahora, «el cuerpo expresa la persona»[5]. Nuestros cuerpos hacen visibles las verdades invisibles acerca de nosotros mismos. Pero no lo hacen perfectamente. Nadie puede mirarnos y saber automáticamente todo sobre nosotros: qué nos gusta, qué sabemos, cómo hemos sufrido o qué somos capaces de hacer. Pese al testimonio de nuestros cuerpos, hay muchas cosas acerca de nosotros que permanecen ocultas incluso para quienes mejor nos conocen. Yo conozco a Kimberly, mi mujer, mejor que nadie salvo Dios. Conozco su alma mejor que nadie salvo Dios. Pero en este mundo son muchas más las cosas que no sé de ella que las que sé.

En el cielo, una vez hayan resucitado nuestros cuerpos, las cosas no serán igual. Entonces conoceré de

---

[5] Juan Pablo II. *Hombre y mujer lo creó. El amor humano en el plano divino.* Madrid, Cristiandad, 2000, p. 121.

verdad a Kimberly y Kimberly me conocerá de verdad a mí. Todo el mundo lo hará. Todos conoceremos perfectamente a los demás con una sola mirada. Iluminados por la luz de Dios, nuestros cuerpos expresarán perfectamente quiénes somos. Cualquier herida, cualquier cicatriz que hayamos aceptado y ofrecido por amor a Dios resplandecerá de gloria. Y nuestras almas brillarán literalmente animando todo nuestro ser, de modo que no habrá verdad acerca de nosotros que no quede expresada en nuestros cuerpos.

Eso están destinados a ser nuestros cuerpos, por la gracia, en la vida futura. Los cuerpos que nos han limitado con su debilidad, que nos han paralizado con sus enfermedades y sus heridas y que nos han entorpecido con su envejecimiento estarán impregnados de gloria y la desbordarán. Serán capaces de hazañas que ni los superhéroes más poderosos de los cómics se atreverían jamás a intentar. Y serán sin ningún esfuerzo un reflejo perfecto y bellísimo de nosotros mismos y de Cristo en la presencia eterna de Dios.

Pero ¿qué harán esos cuerpos una vez hayan entrado en la presencia de Dios en un universo transformado?

9. TU CUERPO POR FIN EN CASA

Suele ser demasiado frecuente que, al pensar en la visión beatífica, nos imaginemos a nosotros mismos sentados y mirando fijamente al Padre, con los ojos clavados en los suyos durante millones y millones de años. Nos representamos el cielo como una especie de concurso eterno de miradas en el que Dios nos contempla y nosotros contemplamos a Dios intentando no pestañear. Otros se lo imaginan como quedarse mirando la pantalla de un ordenador, con la humanidad entera sentada delante de la Trinidad y descargándose toda la información que Dios posee y quiere compartir con nosotros.

Al principio las dos cosas pueden parecer interesantes, pero después de millones y millones de años seguro que ya no tanto. Al fin y al cabo ¿quién querría pasarse millones de años con la vista clavada en algo? Aunque ese algo sea Dios. Al final, no deja de parecernos un aburrimiento.

Afortunadamente, Dios no nos da cuerpos resucitados y gloriosos para que estos no hagan otra cosa que contemplarlo toda la eternidad. Dios es Padre; y, cuando un padre se sienta con su hijo, su actitud no es la de «tú no me quites ojo». Ningún padre desea que sus hijos no hagan otra cosa que sentarse y quedarse mirándolo a él. Un padre quiere hablar con sus hijos, contarles cosas y ayudarles a que entiendan mejor su propia historia. Un padre quiere que sus hijos estén llenos de vida y ayudarlos a vivir esa vida en plenitud. Y un padre quiere que sus hijos compartan sus historias entre ellos, que aprendan unos de otros y que se quieran.

Yo creo que algo así es lo que viviremos en el cielo cuando miremos al Padre a los ojos.

La mayor sinfonía jamás interpretada

Creo que, en el cielo, si el Padre es realmente un padre, lo miraremos a los ojos y veremos nuestra historia, nuestra historia completa: desde el segundo en el que fuimos concebidos hasta el último aliento que exhalamos, e incluso más: veremos todos y cada uno de los modos en que nuestra vida continúa afectando al mundo después de nuestra muerte.

Por mucho que lo intentemos, aquí no somos capaces de ver la historia completa. Somos criaturas finitas, limitadas por el espacio y el tiempo. Cuando contemplamos nuestras vidas, las vemos desde una única perspectiva: la nuestra. Y además solo las vemos en parte: las partes que han sido y que son, el pasado y el presente, pero no la parte del futuro. Y hasta el pasado y el presente los vemos de modo imperfecto, porque nuestras emociones, nuestros falsos recuerdos y nuestra perspectiva limitada oscurecen nuestra mirada.

En la tierra nuestros cerebros humanos solo pueden captar una cantidad determinada. Pero Dios es infinito. No está limitado por el espacio ni por el tiempo. Y la mente de Dios es omnisciente. Lo ve todo, cada momento y cada historia, y lo conoce todo: cómo cada momento y cada historia están vinculados a cualquier otro momento y cualquier otra historia. Y eso es lo que Dios nos contará en el cielo.

Cuando por fin entremos en la visión beatífica, entenderemos por qué nuestros días transcurrieron como transcurrieron, por qué cargamos con las cruces que cargamos y por qué recibimos los bienes que recibimos. También veremos por qué elegimos lo que elegimos, qué gracias nos concedió Dios y qué combates espirituales se libraron a nuestro alrededor mientras nosotros comíamos, dormíamos, trabajábamos y rezábamos.

En el cielo nuestras vidas –la eterna totalidad de nuestras vidas– cobrarán sentido para nosotros. No nos preguntaremos por qué ocurrió lo que ocurrió y por qué nos sentimos engañados, ni por qué Dios nos pidió que soportáramos determinadas cruces. Lo conoceremos y lo sabremos todo y nos parecerá perfecto, de principio a fin, y comprenderemos que no hubo un solo momento inútil o desaprovechado, y que hasta las tragedias de nuestra vida contribuyen a la dicha y la belleza del cielo.

En cierto modo, es como si todas nuestras vidas y el tiempo en su totalidad formaran una sinfonía que ningún ser humano es capaz de componer ni ningún gran músico es capaz de interpretar. Y cuando escuchemos esa sinfonía en el cielo, entenderemos cómo cada experiencia negativa, cada tragedia, cada acorde menor y cada nota en falso contribuyeron a algo importante, haciendo que el todo sea más grande y más hermoso que la suma de sus partes.

Y todo eso es obra de Dios. Dios, en su sabiduría, lo dota de una unidad y una belleza íntegras carentes de disonancias. Gracias a su poder, hasta los componentes trágicos de nuestra historia se volverán divertidos y alegres. Ni siquiera el pecado, ni siquiera el mal real echarán a perder la belleza de la música que Dios compone en su providencia, sino que la aumentarán. La crucifixión, el mayor mal cometido por la humanidad el viernes santo, se convirtió en la fuente del mayor bien imaginable: la resurrección de Jesucristo y la salvación de la humanidad. Del mismo modo, cada pena y cada tragedia de nuestras vidas se convertirán de un modo u otro en fuente de gloria.

Y no es solo nuestra historia la que compone esa sinfonía. No es solo nuestra vida la que veremos y entenderemos en los ojos del Padre, sino también la historia de nuestra madre y de nuestro padre, de nuestro cónyuge y de nuestro mejor amigo; la historia de aquel que trabajaba en la cabina contigua a la nuestra cuando teníamos veinticuatro años y la del vecino de enfrente con el que nunca llegamos a hablar, y la del presentador de las noticias de la noche que veíamos de pequeños.

La mayor historia jamás contada

No habrá fiesta ni reunión familiar a la que hayas asistido jamás en la que lo que todo el mundo comiera, charlara, riera y contara será comparable a lo que se comerá, se charlará, se reirá y se contará en el cielo. Las mejores vivencias de amor, de vínculos compartidos y de amistad que hemos tenido en este mundo no son más que un anticipo insignificante del amor, los vínculos y la amistad que experimentaremos en el cielo, donde se compartirán todas las historias, y cada historia será infinitamente fascinante. Cada historia será bonita, apasionante, absorbente y emocionante. Cada historia nos hará reír y llorar de felicidad. Ninguna será aburrida. Ninguna dejará de captar nuestra atención. Ninguna dejará de cautivarnos total y absolutamente.

Además, mientras cada uno cuenta su historia, los demás verán cómo sus propias historias se conectan con ella: cómo obtuvieron un bien, o cambiaron, o salieron fortalecidos o recibieron un estímulo gracias a cada una de las historias de los demás.

A lo largo de la vida nos cruzamos con extraños en la calle, nos sentamos a su lado en el metro y los vemos en las pantallas desde nuestro salón, y siempre pensamos que toda esa gente no tiene nada que ver con nosotros. Sus historias son sus historias y nuestra historia es nuestra historia, y no somos capaces de imaginar que guarden ninguna relación.

Sin embargo, cuando contemplemos las historias de los demás a través de los ojos del Padre, las veremos como lo que realmente son: una sola historia, la misma historia, nuestra historia. «Para el hombre», explica el *Catecismo*, «esta consumación será la realización final de la unidad del género humano, querida por Dios desde la creación y de la que la Iglesia era "como el sacramento"» (CCE 1045).

La visión beatífica iluminará las conexiones entre tu historia y mi historia y la historia de cada persona de este planeta: de cada persona que es, que ha sido y que será.

A Dios le encantan las historias. Los mejores narradores de la historia de la humanidad han sido creados a su imagen. Y su capacidad de contar historias no es más que un pálido reflejo de la capacidad divina de contar historias. Dios ha escrito la historia del universo. Ha escrito mi historia y ha escrito tu historia y la de cada hombre, cada mujer y cada niño que ha caminado alguna vez por este mundo. Trabajando con y a través de nuestra libertad, orquesta cada detalle de cada vida para conducirnos hasta Él. Esa es la meta: no el poder, ni la riqueza, ni la comodidad, ni la felicidad terrenales, sino la vida y la felicidad eternas con Él en el cielo.

E insisto: las historias que Dios escribe, los guiones de esas vidas, no son independientes. Son uno solo. Forman parte de una historia mayor que solo Él puede ver. Él lo ve todo: cómo está conectada cada historia con todas las demás y cómo encaja cada una en una sola mucho mayor. Nuestras vidas son como las piezas de un puzle que van encajando para formar la mayor historia jamás contada. De vez en cuando, en el transcurso de nuestras vidas obtenemos un leve indicio de ello. Nos encontramos con alguien en un avión o en un restaurante de la otra punta del mundo y descubrimos que crecimos en la misma ciudad, o que trabajamos para la misma persona, o que tenemos un amigo en común. Y, al hacer ese descubrimiento, percibimos un ligero destello de felicidad: ese «¡anda, tú también! ¡pero si sabes algo de mi historia! ¡si compartes conmigo una parte de mi historia!».

Todo esto, a una escala mucho mayor y durante días sin fin, es lo que experimentaremos en el cielo. Aquí abajo no vemos más que una porción diminuta de los lazos que nos unen, una parte minúscula de la historia que escribe Dios. Pero en el cielo lo veremos todo. Veremos cómo todos formamos parte de una sola historia, de una sola familia y de un solo cuerpo, y que los episodios aparentemente más fortuitos y deshilvanados de nuestra vida no lo eran en absoluto. Formaban parte de esa historia perfecta en cuya trama nadie deja de ser importante. Es lo que C. S. Lewis llamaba la «Gran Danza»:

> En el plan de la Gran Danza se entretejen planes sin fin y cada movimiento se convierte a su debido tiempo en el florecer de toda la estructura hacia lo que todo lo demás había sido encaminado. Así cada cual está igualmente en el centro y nada está allí por ser igual, sino algunos por conceder lugar y otros por recibirlo, las cosas pequeñas por su pequeñez y las grandes por su grandeza, y todos los esquemas se encadenan y se enlazan entre sí mediante las uniones de un arrodillarse y un amor regio[1].

Es decir, en el cielo veremos cómo las elecciones que hicimos afectaron a otros, modelaron a otros e hicieron bien a otros de un modo que nada tiene que ver con el azar, la casualidad o la suerte. También veremos cómo los demás influyeron en nosotros, nos modelaron y nos hicieron bien, acompañándonos hacia el

[1] C. S. Lewis. *Perelandra*. Barcelona, José Janés Editor, 1949.

Padre como nunca seríamos capaces de adivinar, imaginar o empezar siquiera a entender en esta vida.

En este mismo instante alguien de este mundo está rezando por ti. Alguien está poniendo en marcha un proyecto que te ayudará de algún modo en los próximos diez, veinte o treinta años. Otro estará tomando una buena decisión que el día de mañana te ahorrará algún sufrimiento. Y cuando tú, con tu cuerpo resucitado, mires al Padre a los ojos, lo verás. Verás a quien te hizo bien. Y verás a la gente a la que tú hiciste bien: aquel desconocido por el que alguien te pidió en redes sociales que rezaras; el tataratataranieto que existe porque tú dijiste que sí a un hijo más; la amante esposa y madre que no murió en un violento accidente de tráfico porque tú no rebasaste el límite de velocidad.

Todas las elecciones son importantes. Todas y cada una. Y en el cielo verás sus frutos. Verás a quienes te hicieron bien y a quienes tú hiciste bien. Hablarás con ellos, te reirás con ellos y vivirás una relación de amor y gracia que jamás habrás vivido aquí en la tierra. La unión más honda que hayas podido sentir con alguien en esta vida no es más que una sombra al lado de la unión que sentirás con cada persona en el cielo.

El papel del cuerpo

Puede que tardemos mil millones de años en descubrir todas esas conexiones, en contar nuestras historias y en escuchar las historias de los demás. Puede que tardemos otros mil millones de años en asimilarlas y otros tantos en entenderlas. Pero no importa. Porque, al final, una vez se haya contado y recontado cada historia, desearemos escucharlas de nuevo, nos encantará volver a oírlas y descubrir algo nuevo cada vez.

Esa película preferida que has visto una y otra vez, ese libro favorito que has releído mil veces, ese álbum de música que podrías escuchar un día y otro sin cansarte: todo eso no es nada al lado de las veces que querrás escuchar la historia de la salvación del mundo. A nadie le aburrirá. Nadie se cansará de ella. Nadie pensará que ya sabe todo lo que tiene que saber, que ya ha escuchado todo lo que tiene que escuchar.

Y, gracias a eso, el mismo cuerpo que está leyendo las palabras de estas páginas, aquí y ahora, experimentará esa dicha. Participará de ella. Unido de nuevo al alma, glorificado y lleno de *zoe*, tu cuerpo no solo escuchará historias, sino que contará *tu* historia. Y no contará tu historia con palabras, sino con la vida que ha quedado escrita en él.

La cicatriz de tu cesárea, el brazo que te rompiste jugando al fútbol con tu hijo, las manos encallecidas por tantas horas de servicio a los demás, las arrugas que te ganaste con tantas y tan frecuentes sonrisas: todo eso contará tu historia en el cielo igual que lo hace en la tierra, pero con mucha más perfección, con mucha más fuerza y belleza. Las marcas y las cicatrices que en la vida parecían imperfecciones brillarán con la gloria del cielo, manifestando el amor de Dios de un modo inefable.

Y lo mismo ocurrirá con las marcas y las cicatrices de los demás.

En el cielo verás las heridas de la Pasión y la ejecución de Cristo con tus propios ojos, y te alegrarás de que no se hayan borrado. Verás también a los mártires, cuyos cuerpos conservan las señales de su muerte, pero con tanta belleza que se te cortará el aliento. Igual que el cuerpo de Kimberly, mi mujer, a mí me parece aún más hermoso por lo que el embarazo, el parto y la maternidad han hecho en él, así a los cuerpos de los santos los harán más hermosos las vidas terrenales que se vivieron con ellos. La agilidad, la sutileza y la impasibilidad de cada cuerpo resucitado que te rodeará en el cielo serán aún mayores por el servicio y el sacrificio, el amor y el sufrimiento que esos cuerpos vivieron en la tierra.

Además, el cuerpo de cada persona irradiará la verdad de esa persona, la verdad de su historia y la verdad de la mayor historia jamás contada. Después de todo, esos cuerpos han formado parte de la historia: cada trozo de esos cuerpos ha tomado parte en ella en la misma medida que las almas que los animan. Nuestra historia y la historia del mundo de la salvación está de alguna manera escrita en todos y cada uno de nuestros cuerpos. Y la simple idea de que alguien queme parte de esa historia, de que alguien reduzca deliberadamente a cenizas un elemento tan crucial de ese santo y sagrado relato, horrorizará a tu yo celestial.

Cuando uno sabe esto, cuando uno entiende esto, no tiene más remedio que ver su cuerpo de un modo diferente. No tiene más remedio que ver la muerte de un modo diferente. Y no tiene más remedio que ver los cuerpos sin vida de un modo diferente. El testimonio de la historia da fe de ello.

10. EL TESTIMONIO DE LA HISTORIA

En uno u otro momento, todo el mundo –no solo los niños– tiene miedo de la oscuridad. Hasta a los adultos nos basta con entrar en un cuarto oscuro –un cuarto que no conocemos, que no nos resulta familiar– para ponernos nerviosos. Sencillamente, no sabemos qué nos vamos a encontrar. Los niños se imaginan monstruos. Los adultos, más realistas, nos imaginamos un golpe en la espinilla.

En cualquier caso, la oscuridad da miedo. Siempre ha dado miedo. Y durante miles y miles de años lo que sigue a la muerte estuvo envuelto en la oscuridad. Nadie sabía qué le pasaba a una persona cuando moría. Por supuesto, existían teorías y conjeturas. Y en torno a esas teorías y a esas conjeturas se construyeron las religiones de la Antigüedad: los egipcios decían que después de morir se convertían en dioses, los israelitas especulaban con el *sheol* y los antiguos griegos idearon mitos fabulosos en torno al inframundo.

Pero, por mucho consuelo que la gente intentara obtener de esos mitos, la muerte continuaba siendo un cuarto oscuro y el miedo seguía ahí. De vez en cuando surgían filósofos como Sócrates que se enfrentaban a la muerte serena y valerosamente. O como los estoicos, cuyos seguidores se decían capaces de mirar a la muerte a la cara sin pestañear. Pero eran la excepción. En el mundo antiguo, la inmensa mayoría, pese a estar familiarizada con la muerte, pese a estar rodeada de muerte, salía huyendo al verla.

Entonces llegó Jesús. Y lo cambió todo.

La muerte y el inframundo

La predicación inicial del cristianismo se llevó a cabo en un mundo en el que la noción grecorromana de la muerte y el más allá conformaba buena parte del mundo occidental. La mayoría de los habitantes del Imperio romano creían en una serie de dioses paganos entre los que se contaba Plutón (o Hades), quien según ellos gobernaba el inframundo. En la entrada de ese inframundo el barquero Caronte trasladaba a las almas cruzando el río Estigia desde la tierra de los vivos a la tierra de los muertos. Ya en la otra orilla, los muertos se sometían a un juicio: los buenos iban al Elíseo y los malos eran arrojados al abismo de Tártaro, mientras que los mediocres (la mayoría de la humanidad) vagaban sin rumbo por la ciudad de Plutón (o por lo que los griegos llamaban los Prados Asfódelos). Algunos romanos creían que quienes lo merecieran podían elegir reencarnarse.

Esta visión del más allá ofrecía cierto consuelo a quienes tenían fe en él, pero no el suficiente. La mayoría de los romanos, igual que la mayoría de la humanidad, seguía temiendo lo que les aguardaba en el cuarto oscuro de la muerte. Y ese temor quedaba reflejado en el trato que dispensaban a sus difuntos.

Los romanos paganos pensaban que, si un cadáver no recibía un trato determinado y no cumplía ciertas condiciones, al alma se le negaba el acceso al inframundo; y, en lugar de recibir su recompensa eterna, soportaba una existencia parecida a la del purgatorio viviendo una espera perpetua en la orilla del río Estigia que no le correspondía. Y creían también que, en caso de que sus seres queridos no recibieran la sepultura adecuada, sus espectros volverían para acosarlos.

A los más ricos les resultaba fácil esquivar ese doble destino mediante el pago de sofisticados funerales y largas procesiones fúnebres que incluían plañideras profesionales y amigos con máscaras que reproducían a los antepasados del difunto. También se aseguraban de poner una moneda encima o dentro de la boca del muerto para que el alma pudiera pagar a Caronte el traslado a la otra orilla del río Estigia.

Una vez concluida la procesión, se pronunciaba un panegírico, tras el cual el cadáver se colocaba sobre una pira y se incineraba. Los restos de cenizas y huesos se introducían en una urna, que se enterraba a su vez en algún sepulcro, por lo general profusamente decorado con monumentos dedicados al difunto e incluso con vívidas imágenes del mismo. Dichos sepulcros estaban situados fuera de la ciudad, porque los romanos preferían mantener a sus muertos lejos de ellos, a «prudente» distancia. No obstante, visitaban sus tumbas en distintas fechas a lo largo del año, ya que creían que las ofrendas periódicas a sus seres queridos fallecidos lograban que lo que quedaba de ellos –su «sombra»– recordase temporalmente quién había sido en otro tiempo y se beneficiara de un breve indulto en su interminable vagar por el inframundo.

En el caso de los pobres los funerales eran menos suntuosos: de los gremios funerarios a los que se asociaban (a cambio de una pequeña cantidad) obtenían procesiones más breves (con tan solo uno o dos músicos) sin panegírico y la inhumación de las cenizas en un lugar de reposo más humilde: por lo general, catacumbas excavadas en la arcilla o en la roca fuera de la ciudad.

Los más pobres de todos no tenían ni siquiera eso. Quienes carecían de parientes o amigos que temieran el acoso del difunto y de dinero para asociarse a un gremio funerario acababan arrojados a grandes fosas o sumergidos en las cloacas.

A finales del siglo III y en el siglo IV, muchas de estas prácticas comenzaron a cambiar entre los paganos romanos, y las inhumaciones (los entierros) fueron sustituyendo a la cremación. Aunque en siglos anteriores también había romanos que enterraban a sus muertos, la inhumación era considerada una práctica extranjera (más concretamente, judía). Algo que fue cambiando gracias a la creciente presencia de los cristianos en medio de ellos y a otras transformaciones sociales.

Sin miedo

En el caso de los cristianos –igual que en el de los romanos–, el trato dispensado a sus difuntos estaba vinculado a sus creencias acerca de la vida después de la muerte. Pero, al revés que entre sus coetáneos paganos, entre los cristianos la muerte no inspiraba temor, sino que era bienvenida. A principios del siglo IV escribía san Atanasio: «El hombre teme por naturaleza la muerte y la disolución de su cuerpo; pero lo más maravilloso es que después de revestirse de la fe de la cruz, desprecia este sentimiento natural y por Cristo no teme ya la muerte»[1].

No es que Jesucristo, al resucitar de entre los muertos, encendiera una potente luz cenital y eliminase por completo la oscuridad que envolvía lo que nos aguarda después de la muerte, pero sí nos facilitó una luz de noche que aclaró algunas cosas, dejando otras rodeadas de misterio. Cosa que no les importaba mucho ni a Atanasio ni a otros primeros cristianos, porque ahí estaba Jesús. Igual que la presencia del padre o de la madre es capaz de ahuyentar el miedo de un niño a la oscuridad, la presencia de Jesús ahuyentaba el miedo a la muerte de los primeros cristianos. Sabían que ahí estaría Él para recibirlos, y eso les bastaba. Como explica Atanasio,

> Antes de que se produjese la divina venida del Salvador, todos lloraban a los muertos como si estuviesen destinados a la corrupción. Pero desde que el Salvador ha resucitado su cuerpo, la muerte ya no es temible; todos los que creen en Cristo la arrojan a los pies como si fuera nada y prefieren morir antes que renegar de la fe de Cristo. Saben verdaderamente que al morir no perecen, sino que viven, y que la resurrección les volverá incorruptibles [...]. No son todavía por edad más que niños pequeños y ya tienen prisa por morir, se preparan contra la muerte con ejercicios, no solamente los hombres, sino incluso las mujeres. La muerte ha sido de tal manera debilitada que las propias mujeres, en otro tiempo

[1] Atanasio. *La encarnación del Verbo*. Madrid, Ciudad Nueva, 1989, p. 92.

> confundidas por ella, se burlan de la misma como de un ser muerto y sin fuerza[2].

Para aquellos hombres, mujeres y niños cristianos que tenían «prisa por morir», la muerte no era el mal supremo ni la gran desconocida, sino la puerta de entrada a la eternidad junto a su amado: Jesucristo. Esa es la convicción que observamos en los relatos directos acerca de mártires como santa Perpetua y santa Felicidad, que en el año 203 se enfrentaron a la muerte en el anfiteatro de Cartago.

Las dos mujeres eran madres jóvenes: en el momento de su arresto Felicidad estaba embarazada y Perpetua aún amamantaba a su hijo. Estando cerca el día de su muerte, ninguna de las dos la rehuyó, sino que Felicidad oró para que su hijo naciera antes de tiempo y poder enfrentarse al martirio junto con sus compañeros presos (hasta a los romanos les parecía excesivo matar a una mujer embarazada), mientras que Perpetua dio gracias por ver llegado el momento de destetar a su niño.

Las oraciones de Felicidad obtuvieron respuesta y el día de la ejecución se dirigió al anfiteatro al lado de Perpetua y de sus hermanos cristianos, todos «radiantes de alegría y hermosos de rostro». Perpetua caminaba entonando himnos y, cuando la muchedumbre pidió que azotaran a los cristianos antes de entregarlos a las bestias, las dos mujeres «se felicitaron de que les cupiera alguna parte de los sufrimientos del Señor». Finalmente, ambas entregaron libremente sus vidas: nadie se la quitó: «Ella misma [Perpetua]», dice la narración, «llevó

---

2 Atanasio, op. cit., p. 91.

a la propia garganta la diestra errante del gladiador novato. Tal vez mujer tan excelsa no hubiera podido ser muerta de otro modo... si ella no hubiera querido»[3].

Muertes domesticadas

En los siglos siguientes, otros hombres y mujeres santos se enfrentaron a la muerte con el mismo entusiasmo que Perpetua, Felicidad y el resto de los primeros mártires: por ejemplo, san Ignacio de Antioquía. No querían sino estar en el cielo junto a Cristo. Esto era lo que decía san Ignacio en el año 108 camino del martirio:

> De nada me servirán los confines del mundo ni los reinos de este siglo. Para mí es mejor morir para Jesucristo que reinar sobre los confines de la tierra. Busco a Aquel que murió por nosotros. Quiero a Aquel que resucitó por nosotros[4].

Mil años después, ese mismo deseo de estar con Cristo llevaba a san Bernardo de Claraval a calificar de «consoladora» –y no de «aterradora»– la muerte del justo:

> Para el hombre justo, la muerte es buena por el descanso, mejor todavía por la novedad y mucho mejor por la seguridad. Parte de este valle de lágrimas, en el que deja un precioso fardo de virtudes, para tomar posesión de la verdadera tierra de los vivos, donde Jesús lo reconoce como hermano y amigo, porque murió para el mundo

[3] Tertuliano. *Pasión de las santas Perpetua y Felicidad*, XXI.

[4] Ignacio de Antioquía. *Carta a los romanos*, 6.

> antes de cerrar los ojos a su luz cegadora. La muerte de los santos es preciosa delante de Dios[5].

Desde el siglo XIII –en que santa Rosa de Viterbo aconsejaba: «Vive de modo que no temas a la muerte; para quienes viven bien, la muerte no es temible, sino amable y estimada»– hasta el XIX –el siglo en que santa Teresa de Lisieux decía: «No será la muerte quien venga a buscarme: será Dios»–, un santo tras otro animaron a los cristianos a dar la bienvenida a la muerte. Y muchos los escucharon.

En su espléndido estudio sobre las representaciones de la muerte en la literatura de la civilización occidental, Philippe Ariès denomina a las muertes premodernas «muertes domesticadas», señalando cómo prácticamente todos los protagonistas se enfrentan a ella con serenidad, paz y consuelo. Era la muerte –explica el autor– la que les devolvía la razón y ocupaba su mente, y ellos la recibían como a una vieja amiga[6].

Como comenta Ariès, hasta algunos autores modernos perciben esa diferencia entre sus propios protagonistas y los de antes. Y encuentra en *Pabellón de cáncer*, de Aleksandr Solzhenitsyn, el mejor resumen de cómo afrontaron la muerte los cristianos durante muchos siglos:

> Los mayores no habían ni tan siquiera puesto el pie en la ciudad en toda su vida, no se atrevían, mientras

---

[5] Bernardo de Claraval, citado en Charles Kenny. *Half Hours with the Saints and Servants of God*. Londres, Burns and Oats, 1882, p. 450.

[6] Ver Philippe Ariès. *Historia de la muerte en Occidente*. Barcelona, Acantilado, 2000, p. 23-42.

que Efrén sabía ya galopar y disparar una pistola a los 13 años... y he aquí que ahora... él se acordaba de la manera que tenían de morir esos viejos, allá lejos en su tierra... Sin fanfarronadas, sin aspavientos, sin presumir de que no iban a morir; todos admitían la muerte *apaciblemente*. No solo no retrasaban el momento de rendir cuentas, sino que se preparaban a ello tranquilamente y con antelación... Y se extinguían con una especie de alivio, como si solo tuvieran que cambiar de isba[7].

Huesos humanos

La vida, muerte y resurrección de Cristo conformaron de forma radical el modo en que sus seguidores se enfrentaban a la muerte, así que no es de extrañar que conformasen también el trato que daban a los difuntos.

Después de la crucifixión, Jesús, como todos los judíos de su época, debía recibir sepultura. Su cuerpo se trasladó con delicadeza y reverencia desde la cruz hasta el sepulcro. Pero no se quedó allí. Al tercer día, Jesús resucitó de entre los muertos con el mismo cuerpo que había tenido en vida, aunque transfigurado. Y prometió el mismo destino a quienes lo siguieran. De ahí que los cristianos no imitaran a los paganos que, como comenta Tertuliano, «queman a sus muertos con inclemente crueldad»[8]. Quienes siguen a Cristo –explica Tertuliano en otro texto– «se opone[n] a la

[7] Aleksandr Solzhenitsyn. *Pabellón de cáncer*, citado en Ariès, op. cit., p. 33.

[8] Tertuliano. *De la resurrección de la carne*, 1.

crueldad para con el cuerpo, ya que a este no debe exterminarlo el hombre con una condena definitiva»[9].

Por eso, desde el principio los cristianos enterraron a sus muertos igual que fue enterrado Cristo; y no porque el contacto con un cadáver los hiciera «impuros» o los «contaminara», ya que para los cristianos los cadáveres no eran «impuros» (como sí ocurría entre los judíos), ni tampoco porque quienes los tocaban temiesen ser acosados por algún resto del alma del difunto (como temían los paganos).

En los siglos IV y V san Agustín comentaba el respeto que, según los cristianos, merecían los cuerpos de los difuntos:

> No se ha de menospreciar y abandonar los cuerpos de los difuntos, sobre todo los de los santos y los creyentes, de quienes se sirvió el Espíritu Santo como de instrumentos y receptáculos de toda clase de buenas obras [...]. Es el cuerpo algo más que un simple adorno o un instrumento: forma parte de la misma naturaleza del hombre[10].

Es más, para los cristianos el mandato de honrar y enterrar a los difuntos era de carácter universal y se aplicaba a cualquier cuerpo: el de los pobres, los extranjeros, los dementes e incluso los paganos. En los documentos sobre las primeras comunidades cristianas abundan los relatos de personas que salían en busca de los pobres olvidados de todos para enterrarlos con el mismo esmero con que enterraban a los miembros de su familia. El propio Tertuliano cuenta cómo en su

---

[9] Tertuliano. *Acerca del alma*, LI, 4. Madrid, Akal, 2001, p. 157.

[10] San Agustín. *La piedad con los difuntos*, 5.

Cartago natal y en otras ciudades los recursos que los cristianos poseían en común se empleaban para enterrar a los difuntos. Ellos no arrojaban a los pobres a las fosas ni a las cloacas.

Y sus coetáneos paganos tomaron nota de ello. En su ensayo *¿Entierro o cremación?* el profesor de ética protestante David W. Jones afirma:

> Juliano el Apóstata (332-363 d. C.), el último emperador no cristiano, señalaba el «respeto a los muertos» como uno de los factores que contribuyeron a la difusión del cristianismo por el mundo romano. Y el historiador de la Iglesia Philip Schaff apuntaba al «decoro» que mostraban los cristianos hacia el cuerpo humano en el trato a sus difuntos como una de las principales razones de la veloz conquista del mundo antiguo por parte de la Iglesia[11].

Con el tiempo, enterrar a los muertos acabó siendo una de las siete obras de misericordia corporales, un acto tan caritativo como dar de comer al hambriento o visitar al enfermo. De ahí que surgieran asociaciones religiosas –como la Cofradía de San Juan Bautista Degollado en Florencia o la Confraternidad de la Muerte y Oración en Roma– dedicadas a proporcionar funerales y entierros cristianos a quienes, de no ser por ellas, nunca los habrían tenido.

Pero no hubo cuerpos –ni de pobres ni de ricos– que merecieran tanta atención como los de los mártires.

---

[11] Jones. «To Bury or Burn?», p. 337.

En la Roma de principios del siglo II, dos hermanas, las santas Práxedes y Prudenciana, se jugaban la vida internándose en los lugares donde habían sido martirizados sus hermanos cristianos para recoger los huesos, la carne e incluso la sangre que había quedado de ellos y llevarse esos restos a casa de su padre con el fin de darles sepultura.

Otros cristianos siguieron su ejemplo y se dedicaron a recuperar los cuerpos de sus amigos mártires, hasta el punto de que –según Eusebio, historiador cristiano del siglo IV– los romanos se vieron obligados a apostar guardias para evitar que los cristianos robaran los restos de los mártires. Cuenta Eusebio también que los romanos solían añadir sal a la herida quemando los cuerpos de los mártires cristianos y esparciendo sus cenizas, creyendo que de ese modo acabarían con la esperanza cristiana de la resurrección[12].

Pero no lo lograron. Como afirma la historiadora de la religión Caroline Walker Bynum, los cristianos rechazaban de forma explícita la idea pagana de que «retrasar el entierro perjudica al alma, o de que las personas que mueren de forma violenta o prematura o las que no reciben sepultura vagan por la tierra como espectros o fantasmas»[13].

De hecho, hasta los primeros teólogos, como Tertuliano, se esforzaron por ayudar a sus hermanos cristianos a entender que la Iglesia no se oponía a la cremación por considerarla un obstáculo para la resurrección. Enterrar

[12] Eusebio. *Historia eclesiástica* 5, 1, 62-63.

[13] Ver Bynum. *The Resurrection of the Body*, p. 49-50.

a los muertos era una simple cuestión de respeto. Dios podía resucitar y resucitaría todos los cuerpos –aseguraba Tertuliano a los cristianos– al margen de lo que se hiciese con ellos tras su muerte.

Dos siglos después, san Agustín se hacía eco de Tertuliano con estas palabras: «A muchos cuerpos de cristianos no se les dio tierra, es verdad. Pero a nadie han logrado expulsar de los espacios del cielo y de la tierra»[14].

Los primeros cristianos conservaban cerca de ellos a los mártires cuyos cuerpos habían podido recuperar. Al revés que los romanos, que sepultaban a sus difuntos fuera de la ciudad, los cristianos solían traer de vuelta a los mártires a sus casas para que sus cuerpos reposaran en ellas. A otros se les enterraba en catacumbas o en sepulcros. Y allí donde descansaban los restos de los mártires se reunían los cristianos para venerarlos.

Uno de los relatos más antiguos que nos han llegado en este sentido proviene de la comunidad cristiana de Esmirna. En el año 156 se dio muerte a un gran santo, el obispo Policarpo: un suceso narrado poco después por un miembro de aquella comunidad:

> Nosotros, después, recogimos sus huesos, que son mucho más valiosos que piedras preciosas y que oro refinado, y los pusimos en un lugar apropiado; donde el Señor nos permitirá congregarnos, según podamos, en gozo y alegría, y celebrar el aniversario de su martirio[15].

A veces sobre los cuerpos de esos mártires se erigían altares. Más adelante, una vez legalizado el cristianismo en

[14] San Agustín. *La piedad con los difuntos*, 4.

[15] *Martirio de Policarpo*, 18.

el año 313, encima de sus sepulturas se construyeron basílicas. Muchos de los lugares a día de hoy más sagrados de la Iglesia, incluida la Basílica romana de San Pedro, están edificados sobre las tumbas de los mártires.

Pero en las iglesias no solo se enterraba a los mártires. A medida que se fueron construyendo más iglesias bajo cuyos altares o en sepulcros cercanos a ellos reposaban los huesos de los mártires, también los cristianos de a pie quisieron que se les enterrase allí. Mientras que a sus coetáneos paganos les encantaba ver sus propios sepulcros adornados con estatuas, relieves e imágenes que rindieran tributo a los éxitos logrados en vida, a los cristianos no les importaban nada los homenajes. Se conformaban con el anonimato, siempre y cuando los enterraran cerca de algún santo.

Lo cual acabó siendo un problema, porque una iglesia solo tiene cabida para un número determinado de cuerpos. De modo que, a medida que se llenaban las iglesias, los cuerpos se iban sacando de ellas y se reubicaban en osarios (grandes sepulcros, con frecuencia decorados, repletos de huesos). Más adelante, en caso de estar disponible, se empezó a comprar el terreno que rodeaba a las iglesias para usarlo como cementerio.

Hubo huesos, sin embargo, que nunca llegaron a tocar una tumba, ni un osario, ni una iglesia.

Huesos bendecidos

Desde al menos el siglo II, en que los cristianos reunieron los restos de Policarpo, los huesos de los santos y de los mártires se trataron como objetos sagrados: trozos de materia de los que Dios se servía para hacer llegar su gracia al hombre y, si así lo quería, capaces de obrar milagros. De ahí que hubiera trozos de cuerpos y de huesos que se trasladaban de iglesia en iglesia y de ciudad en ciudad, no solo para que las ciudades que carecían de mártires tuvieran santos en sus iglesias y bajo sus altares, sino con el fin de que sus habitantes venerasen esos huesos y pidieran algún milagro recurriendo a su mediación.

Y Dios no solía defraudarlos. En 415, cuando las reliquias de san Esteban, el primer mártir cristiano, llegaron a Hipona, a san Agustín, obispo de la ciudad, le impresionó tanto el número de curaciones ocurridas con motivo de la llegada de las reliquias que ordenó escribir un libro en el que se recogieran cada uno de los milagros divinos realizados por mediación de las reliquias de san Esteban tanto en Hipona como en cualquier otro lugar.

Por desgracia, no siempre era posible llevar un registro tan meticuloso de los milagros, como tampoco de la autenticidad de algunas reliquias. Los milagros obrados por intercesión de san Esteban estaban bien documentados, ya que sus reliquias viajaban acompañadas de sacerdotes y guardias a quienes la Iglesia había encomendado el cuidado de los huesos y la garantía de que recibieran un trato reverente. Pero no todas las reliquias viajaban con tanta ceremonia. Desafortunadamente, durante muchos siglos los robos y el contrabando de reliquias fueron una práctica común. Y también su venta. A mayor santidad, mayor valor.

La Iglesia no miraba estas cosas con buenos ojos. Mostraba su rechazo hacia quienes asaltaban las tumbas de los santos para apoderarse de sus restos (una realidad cuya frecuencia fue aumentando en la Alta Edad

Media), al tiempo que intentaba evitar el contrabando de miembros enteros arrancados del resto del cuerpo (como ocurrió con los habitantes de Siena, que se trasladaron a Roma para cortar la cabeza del cadáver de santa Catalina, nacida en su ciudad, y llevársela a su catedral).

Pese a los abusos cometidos con las reliquias, la Iglesia nunca dejó de recomendar que se veneraran, respaldando además su poder de obrar milagros.

En el siglo IV, Cirilo de Jerusalén recordaba cómo en el Antiguo Testamento un cadáver arrojado a la tumba del difunto profeta Eliseo recobra la vida, lo cual venía a demostrar que «incluso estando el alma ausente, existe cierta fuerza y poder en el cuerpo de los santos»[16]. San Jerónimo, por su parte, se oponía a quienes afirmaban que los huesos en general –incluidos los de los mártires– eran «impuros»:

> Honramos las reliquias de los mártires para adorar a Aquel de quien son mártires [...]. ¿Acaso las reliquias de Pedro y Pablo son impuras? ¿Acaso fue impuro el cuerpo de Moisés, que, según el texto hebreo, fue sepultado por el Señor mismo? [...] Si no se han de honrar las reliquias de los mártires, ¿por qué leemos «preciosa es a los ojos del Señor la muerte de sus fieles»? Si sus huesos manchan a quienes los tocan, ¿cómo es que Eliseo muerto resucitó a un muerto, y lo que, según Vigilancio, era impuro, pudo dar vida [a un cadáver]?[17].

En cualquier caso, tanto en el siglo I como en el XXI la veneración de las reliquias por parte de los católicos

---

[16] Cirilo de Jerusalén. *Catequesis* XVIII, 16.

[17] San Jerónimo. *Carta* 109, 2.

siempre estuvo vinculada a su noción del cuerpo y de la persona humana: constituía un testimonio de la unión de cuerpo y alma y del poder de la gracia, que es capaz de santificar no solo el alma, sino también el cuerpo.

El poder de las reliquias hallaba también su sentido en la resurrección del cuerpo. Si la gracia era capaz de hacer santo un cuerpo muerto, si era capaz de obrar un milagro valiéndose de huesos, dientes o cabellos, también era capaz de resucitar y transformar ese cuerpo. Por otra parte, ningún hueso a través del cual era posible obrar milagros podía acabar pudriéndose una tumba: tenía que resucitar; algún día tenía que reflejar físicamente la gloria que –si bien escondida– ya habitaba en él.

A lo largo de casi dos mil años, a la mayoría de los cristianos les pareció impensable que alguien prefiriera aniquilar por completo unos cuerpos destinados a la gloria y tocados ya por la gracia. ¿Qué motivo había para quemar el cabello o triturar los huesos cuando Dios se valía del cabello y de los huesos de los santos para curar el cáncer, remediar la esterilidad o devolver la vista? Si Dios honraba de ese modo los restos de sus santos, lo más seguro es que esperase que también nosotros honrásemos los restos de sus hijos, que los tratáramos con afecto, delicadeza y respeto.

El entierro –insistían los cristianos– era apacible: un cuerpo reposando a la espera de poder reunirse con su alma. La cremación, en cambio, era violenta: era la aniquilación veloz, violenta y radical de un cuerpo en el que había habitado el Cuerpo de Cristo.

Por eso, diecinueve largos siglos en los que los cuerpos de los difuntos entraron y salieron de las iglesias para reposar en catacumbas, tumbas y cementerios estuvieron acompañados de una constante: los entierros. Pasaron los siglos, las costumbres cambiaron, evolucionaron los ritos funerarios, se alzaron y se derribaron imperios... y los cristianos siguieron enterrando a sus muertos. En alguna ocasión quemaron a herejes o a brujas, o se negaron a enterrar en sagrado a los no creyentes o a los suicidas, pero a los cuerpos de todos los demás se les dejó reposar en paz.

Y entonces, a principios del siglo XX, las cosas empiezan a cambiar. ¿Por qué?

11. UN CAMBIO DE RUMBO

En el año 785 Carlomagno, (futuro) emperador del Sacro Imperio Romano, decidió incorporar a los sajones paganos al redil cristiano. Y decidió también tenerlos sometidos bajo su bota y forjar un nuevo imperio cristiano en la Europa occidental. Para lograr este doble objetivo, promulgó un código jurídico que prohibía varias prácticas paganas entre las que se contaba la cremación. Aquella ley –la primera sobre esta materia– convertía la cremación en un delito penado con la muerte: «Si alguien cremare el cadáver de un difunto según el rito de los paganos y redujere sus huesos a cenizas, será condenado a muerte»[1].

Dicha ley, no obstante, duró tanto como el propio Imperio Carolingio. Una vez desaparecido este hacia finales del siglo IX, no hubo ninguna otra nación ni poder europeos que prohibieran o permitiesen explícitamente la cremación. De hecho, no era necesario: nadie quería ser incinerado. Y, como nadie se planteaba

---

[1] Henry R. Loyn, John Percival. *The Reign of Charlemagne*. Nueva York, St. Martins, 1975, p. 52.

la cremación, no hacía falta ninguna ley que la regulara. Carecía de sentido.

Y continuó careciendo de sentido durante mil años más. Hasta que en el siglo XIX sobrevino el cambio. De repente un montón de gente (los radicales franceses y los francmasones italianos, los socialistas alemanes y los rusos bolcheviques, los médicos ingleses y los ingenieros civiles norteamericanos) empezó a hablar de la cremación.

Un siglo después, la gente ya no se limitaba a hablar de ella, sino que la practicaba. El inicio del cambio tuvo lugar en Reino Unido y en Europa. En 1905 el 99,9 % de la población de Reino Unido era inhumada[2]. Hacia finales de 1960 ese porcentaje se había reducido a la mitad, mientras que hoy es una cuarta parte del total: en 2017 un 77 % de la población de Reino Unido optó por la cremación[3].

En Estados Unidos el proceso fue más lento. En 1960 solo fue incinerado un 4 % de norteamericanos[4]. En 2018, sin embargo, la cifra había ascendido a un 53 %. Y las previsiones apuntan a un 80 % en 2035[5].

¿Qué demonios ha ocurrido? ¿Cómo es posible que lo que a una mayoría le pareció impensable durante dos mil años se haya convertido en tan poco tiempo en la norma?

---

[2] Thomas Laqueur. «The Burning Question: How Cremation Became Our Last Great Act of Self-Determination». *The Guardian*, 30 de octubre de 2015.

[3] «Cremation Statistics». Recuperado el 21 de diciembre de 2019 de Urns for Ashes website: www.urnsforashes.co.uk/cremation-statistics

[4] Laqueur. «The Burning Question».

[5] «What is the 2018 Cremation Rate in the US». Recuperado el 21 de diciembre de 2019 de US Funerals Online: www.us-funerals.com/funeral.articles/2018-US-Cremation_Rate.html#.XWfgg5NKg_U

La respuesta es complicada. Algo han tenido que ver en ello el modernismo, la ciencia y algunas cuestiones sanitarias. Y también la economía y la cultura. Pero al principio no fue nada de eso lo que llevó a la gente a hablar de la cremación, sino el odio a la Iglesia y a su enseñanza acerca de la muerte y la resurrección.

El fuego revolucionario

En la fe, igual que en la vida, no es raro que nuestros enemigos nos conozcan mejor que nosotros mismos. Y esto es en buena medida aplicable a los primeros defensores de la cremación: los revolucionarios franceses, los francmasones, los socialistas, los materialistas y los ateos, todos los cuales se opusieron tenazmente a la Iglesia católica y a sus enseñanzas. Para ellos la creencia cristiana en la resurrección del cuerpo y en la salvación en Jesucristo era el colmo de la estupidez y la superstición. Pero también sabían que la forma más eficaz de arremeter contra esas enseñanzas consistía en arremeter contra el respeto al cuerpo.

De ahí que decidieran que cambiar las prácticas funerarias del pueblo cristiano iba a ser más efectivo que limitarse a esgrimir elaborados argumentos en contra de las doctrinas cristianas. Sabían que el ejemplo vale más que mil palabras, y que la cultura influye más en la forma de pensar de la gente y en nuestras creencias que cualquier homilía pronunciada desde un púlpito. De ahí que, desde finales del siglo XVIII, los enemigos de la Iglesia empezaran a intentar resucitar una práctica que llevaba mil años desaparecida de Europa con la esperanza de socavar la fe cristiana.

Esta «resurrección» se inició durante el infame «Reinado del Terror» de la Revolución Francesa. En 1793 un grupo de realistas se sublevó en Tolón y arrebató el gobierno de la ciudad de manos de la República. Entre los republicanos que no llegaron a huir y fueron encarcelados se contaba Charles Nicolas Beauvais de Préau, un médico francés de treinta y nueve años miembro de la Asamblea Nacional.

De Préau fue liberado ese mismo año, después de la toma de Tolón por parte de Napoleón y los ejércitos de la Convención. Una liberación que llegó demasiado tarde, porque De Préau, que había enfermado en prisión, murió cuatro meses después en Montpellier. Al día siguiente, los funcionarios republicanos de Montpellier anunciaron su cremación pública como «mártir de la libertad». Con gran pompa y ceremonia, trasladaron a De Préau por las calles hasta una inmensa pira levantada en medio de la ciudad. Las llamas estuvieron ardiendo todo el día y buena parte de la noche. Por la mañana las cenizas de De Préau se depositaron en el Templo de la Razón, una antigua iglesia católica reconvertida al «Culto de la Razón» y empleada para actividades declaradamente anticatólicas y proateas.

La cremación de De Préau no fue más que un desafío deliberado por parte de los republicanos: una declaración pública de su desprecio hacia la Iglesia y todas sus «supersticiones» en torno a la muerte.

Un año después, los republicanos ateos se reafirmaron en su postura legalizando explícitamente la cremación y señalando en su decreto que, «habiendo incinerado en la Antigüedad la mayoría de los pueblos a sus difuntos» y «habiendo sido abolida o caído en desuso dicha práctica por motivos puramente religiosos», la cremación volvía a ser una opción legítima para quienes se habían liberado de los grilletes de la superstición religiosa[6].

Como señala el historiador Thomas Laqueur en su exhaustiva historia sobre la muerte y los enterramientos humanos *The Work of the Dead*:

> En el núcleo del debate no se hallaba ninguna teoría concreta acerca de las consecuencias de la cremación frente a las de la inhumación: no era una cuestión de higiene, que tanto peso ha tenido en los debates posteriores y en los argumentos actuales a favor del cierre de los cementerios, como tampoco era una cuestión de técnica. La cremación se usó como arma para arremeter contra una comunidad milenaria de difuntos enterrados en suelo sagrado y poder ofrecer una alternativa con un fundamento histórico[7].

Masones y demás

Después de que los revolucionarios franceses decidieran que la cremación era una forma de protesta eficaz en contra de la Iglesia, otros los imitaron.

En las décadas de 1860 y 1870 los francmasones italianos se convirtieron en la avanzadilla de su país en defensa de la cremación. Sí, es cierto que a algunos católicos les gusta culpar de todo a las conspiraciones masónicas. Pero hasta los historiadores aconfesionales reconocen la participación de los masones en este tema. Como explica Laqueur:

---

[6] Laqueur. *The Work of the Dead*, p. 526.

[7] Laqueur. *The Work of the Dead*, p. 527.

> Las logias masónicas italianas, sobre todo las de Milán y Turín, promovieron un marco institucional a favor de la cremación, así como la creación de nuevos rituales y la construcción de crematorios. Salvatore Morelli, uno de los principales difusores de la cremación, era librepensador, feminista, defensor de unas leyes de divorcio más permisivas y masón. El ministro del Interior que autorizó la primera cremación legal en Italia el 22 de enero de 1876 era francmasón, al igual que el primer incinerado, un hombre de negocios luterano alemán llamado Alberto Keller[8].

Tampoco es una casualidad que Lodovico Brunetti, inventor del primer crematorio moderno, quien presentó sus técnicas en la Exposición Universal de Viena de 1873, fuera también francmasón.

No obstante, los francmasones no eran los únicos que defendían la cremación, la cual gozaba también de amplia aceptación entre los socialistas alemanes y los bolcheviques rusos. Y ni a los unos ni a los otros se les puede considerar precisamente admiradores de la Iglesia.

> En 1920, cuando cabría pensar que existían cuestiones más relevantes que esta –escribe Laqueur–, los comunistas y los socialdemócratas alemanes entablaron un pequeño debate sobre la conveniencia de negar la enseñanza religiosa en las escuelas públicas a los hijos de los miembros de las sociedades de cremación. Sí, decían los comunistas, porque lo que estaba en juego era la revolución cultural: no valían las medias tintas[9].

---

8 Laqueur.

9 Laqueur, op. cit., p. 530.

En Gran Bretaña fue un sacerdote neo-druida quien logró que los tribunales británicos reconocieran el derecho a la cremación. El galés William Price intentó en dos ocasiones (con éxito la segunda) incinerar el cadáver de su hijo. Aunque fue arrestado las dos veces, los tribunales fallaron que no había cometido ningún delito: la cremación no estaba explícitamente prohibida, pero después del segundo arresto de Price se declaró explícitamente legal. Al año siguiente se construyó el primer crematorio en Gran Bretaña, al que siguieron otros más.

Paladines del progreso

Lo que movía a los defensores de la cremación alemanes y rusos no era un sentimiento puramente antirreligioso. En ambos casos el desdén hacia la Iglesia iba de la mano de la admiración por el progreso. «Además de al automóvil, a la electricidad y al tractor, abrid paso a la cremación», rezaba un cartel publicitario bolchevique[10].

En Inglaterra y en Estados Unidos, junto a los ateos y materialistas que compartían el desprecio de socialistas y bolcheviques hacia las tradiciones religiosas, los médicos y los expertos en higiene abogaban por la cremación basándose en razones sanitarias. A algunos les preocupaba que los cadáveres contaminaran las reservas de agua; a otros que los cadáveres liberasen gases venenosos nocivos para la salud de la comunidad.

Para ellos los muertos eran «desechos», basura, residuos biomédicos que «constituían un grave problema

[10] Laqueur, op. cit., p. 530.

para la ingeniería militar sanitaria en tiempos de guerra y un problema cotidiano para su equivalente en la sociedad civil»[11]. Y argumentaban que el crecimiento de la población exigía diseñar un modo de gestionar esos residuos más eficaz que la inhumación. El crematorio de Brunetti de 1873 fue un primer paso importante en esa dirección.

Sir Henry Thompson, médico de la reina Victoria, visitó la obra de Brunetti en la Exposición de Viena y, nada más regresar a su país, fundó la Sociedad de Cremación británica. Los científicos, médicos y demás figuras públicas que formaban parte de ella –como el escritor Anthony Trollope– promovían experimentos dirigidos a mejorar la máquina de Brunetti, al tiempo que hacían campaña a favor de la cremación con el argumento de que su deseo era «proteger a los vivos de la corrupción»[12].

En el siglo XX se añadieron a la difusión de la cremación los argumentos ecológicos, cuyos defensores aseguraban que en la tierra no había espacio suficiente para seguir enterrando a los muertos. Según ellos, la cremación se había convertido en una necesidad en un mundo cuya población continuaba creciendo exponencialmente y cuyas ciudades estaban cada vez más saturadas.

El coste de los funerales tampoco resultó de ayuda. Enterrar a un difunto se fue encareciendo cada vez más y la cremación pasó a ser la opción más práctica y económica para las familias que no querían gastarse entre 5000 y 10 000 dólares en un funeral (el coste

---

[11] Id., p. 513.

[12] Id., p. 513.

medio en 2016) y varios miles más en la tumba y la lápida. Hoy en día, el coste de una cremación oscila entre los 800 y los 3000 dólares; y, cuando el único criterio que cuenta es el económico, la diferencia es significativa[13].

A todo esto, vino a sumarse en el siglo XXI la globalización. Aunque algunos credos religiosos –en particular el islam, pero también el judaísmo ortodoxo– prohíben la cremación, otros, como el hinduismo o el budismo, siempre han incinerado a sus difuntos. Cuanto más se ha ido mezclando la gente de distintas culturas y credos, más se ha generalizado la cremación en Occidente.

Paladines del hombre

Al final no fueron ni los francmasones, ni la ciencia, ni la globalización los que acabaron inclinando la balanza a favor de la cremación, sino el modernismo y el posmodernismo: dos formas íntimamente relacionadas de ver el mundo, al hombre y el cuerpo humano que se fueron imponiendo en Occidente en los siglos XIX y XX.

A lo largo de los muchos siglos en que los cristianos enterraron a sus muertos, una mayoría percibía el mundo a través de una lente sacramental. Pensaban que todo lo que existe en la creación era obra de Dios y amado por Dios, y tenía algo que decirnos acerca de

[13] Norman L. Geisler, Douglas E. Potter. *What in Cremation Is Going On? A Christian Guide to Post Mortem Decisions.* Matthews, NC, Bastion Books, 2016, p. 48.

Él. Sabían que lo que Dios había creado revelaba en parte quién es Dios.

Y sabían que eso se aplica también a la persona humana. No solo el hombre y la mujer son imagen de Dios: también lo es Jesucristo, el Hijo de Dios hecho hombre, que asumió un cuerpo humano y una naturaleza humana y que, después de su muerte y su resurrección, nos entregó su naturaleza divina en la Eucaristía; y eso hace que el cuerpo del creyente bautizado sea, además de imagen de Dios, templo de Dios.

Los creyentes de antes, a su vez, sabían que, aunque el hombre puede ser templo de Dios, no es Dios. Dios es Dios, el Creador y Señor: «el inmóvil punto de este mundo que gira», como escribió T. S. Eliot[14]. Dios ocupa el centro de todo, su voluntad es soberana; y, si el hombre quiere ser aquello para lo que el Señor lo ha creado, la única manera de lograrlo es seguir a Dios conformando nuestra voluntad humana con la voluntad divina y dejando que la gracia de Dios anime nuestros cuerpos y nuestras almas.

Los modernistas, sin embargo, trastocaron esta ecuación al situar en el centro del universo no a Dios, sino al hombre, e instándole a emplear la razón para ejercer un control mayor sobre el mundo. Por eso en muchos sentidos el modernismo tiene que ver con el poder: el poder del hombre sobre la naturaleza, el poder del hombre sobre los demás hombres e incluso el poder del hombre sobre sí mismo. El objetivo del modernismo consistía en servirse de ese poder para aumentar la salud, la riqueza y la comodidad del hombre.

---

[14] T. S. Eliot. «Burnt Norton».

Pero, como decía Benedicto XVI, «la persona se destruye a sí misma al atribuirse una altura falsa»[15].

O, como escribió su predecesor, el papa san Juan Pablo II:

> Una vez excluida la referencia a Dios, no sorprende que el sentido de todas las cosas resulte profundamente deformado, y la misma naturaleza, que ya no es «mater», queda reducida a «material» disponible a todas las manipulaciones[16].

Una vez que los modernistas hicieron desaparecer a Dios del escenario, el mundo material que hasta entonces había estado impregnado de significado divino pasó a ser –a ojos del mundo– otra cosa más que controlar. La materia ya no daba testimonio del Creador: no era más que materia, algo disponible para el uso y la manipulación por parte del hombre.

Paralelamente, el cuerpo dejó de ser imagen de Dios y templo del Espíritu Santo, destinado a la resurrección en el último día. No era más que materia y solo tenía valor en vida y mientras fuese útil, es decir, joven y fuerte, sano y hermoso. Pero, una vez envejecido, enfermo o débil, el cuerpo se convertía en una carga inútil y carente de valor.

Cuanto más fue calando esta postura de los estudiosos y los científicos en la cultura dominante de Occidente, más concebible se fue haciendo la práctica antes inconcebible de la cremación. Naturalmente, un

---

15 Joseph Ratzinger. *Dios y el mundo*. Barcelona, Random House Mondadori, 2002, p. 133.

16 Juan Pablo II. *Evangelium vitae* (1995), § 22.

cuerpo así entendido se podía quemar. ¿Qué sentido tenía preservarlo? ¿Qué importancia tenía ese cuerpo una vez agotada su utilidad? No era más que materia, y materia corruptible.

Paladines del yo

Detrás del modernismo vino el posmodernismo que, en contra de lo que su nombre sugiere, no es un rechazo del modernismo, sino una rotunda reafirmación del postulado modernista que convierte al hombre en el centro de todo. La única diferencia es que el modernismo y su defensa de que los sentimientos, las creencias y las experiencias de cada individuo están por encima de todo sitúan en el centro del universo no al hombre en general, sino al hombre concreto.

Al sustituir lo universal por lo particular, la tesis posmodernista de que nada importa –de que no existen la verdad, ni el bien, ni una moral universal– no hizo sino añadir leña al fuego. Al fin y al cabo, si Dios ha desaparecido totalmente del panorama y el único criterio que determina la verdad y lo bueno son «mis sentimientos», «mis deseos», «mi voluntad», ¿por qué no van a quemar mi cuerpo y a esparcir mis cenizas por cualquier lago o cualquier calle que haya sido importante en mi vida? El descanso en suelo sagrado que tanto significaba para la comunidad, para la familia, para la gente de fe, es mucho menos atractivo que descansar solo en mi ruta de senderismo preferida, que tanto significa para mí.

El modernismo y el posmodernismo han contribuido directa y poderosamente en la difusión de la cremación. Y también indirectamente.

A medida que el matrimonio se fue asociando a sentimientos cambiables y personales de autorrealización, aumentó el índice de divorcios y las familias se rompieron. A medida que la importancia del éxito material fue siendo mayor que la de la comunidad, se generalizaron los (sucesivos) traslados por motivos laborales. Y, a medida que los hijos dejaron de ser una bendición para convertirse en una carga o en un lujo, mermó el tamaño de las familias. Todas estas tendencias culturales alimentadas por el modernismo y el posmodernismo despojaron de su atractivo a los cementerios a los que varias generaciones de tu propia familia podían acudir a visitarte o a recordarte.

Por otra parte, al situar su epicentro en la felicidad en esta vida, el modernismo y el posmodernismo no solo lograron que la gente dejara de pensar en el más allá, sino que trajeron consigo el regreso del antiguo temor a la muerte que atenazaba al mundo antes de la venida de Jesucristo. La muerte volvía a ser un final temible, y no un principio glorioso: era la derrota definitiva, el final de todo intento del hombre de controlar su propia vida y prosperar.

De ahí que cada vez más gente deseara mantener lo más lejos posible cualquier recordatorio de la muerte. Los cuerpos muertos y agonizantes, los cuerpos que antes morían en sus propias casas y a los que se velaba en el salón familiar, fueron trasladados a los hospitales, las residencias de ancianos y los tanatorios. La muerte que antes resultaba algo tan familiar pasó a ser algo ajeno a medida que cada vez más gente procuraba hacer desaparecer cualquier evidencia de ella, incluido (y sobre todo) el cadáver. Y para ello la cremación era el método más rápido, seguro y directo.

Reflexionando en torno a esta tendencia de la cultura moderna y posmoderna escribe Patricia Snow:

> La aterradora e implacable verdad de la condición humana –que su única esperanza está en Dios– queda al descubierto con la muerte. Una revelación que a quien está acostumbrado a modificar su aspecto y manipular sus relaciones públicas le resulta insoportable, tan insoportable como la idea de ver su cuerpo humillado ante la mirada de todos en un velatorio o en un funeral. En este sentido, la cremación asegura un control negativo precisamente cuando se ha perdido el control. Si la muerte deja al descubierto la derrota del hombre, la cremación destruye esa evidencia. Elimina el inquietante peso muerto del cuerpo; sortea el tedioso y perturbador proceso de la corrupción. Lo único que queda es una cajita o una vasija portátiles: un símbolo, un protocuerpo, y no el cuerpo en sí[17].

¿Y qué tiene que decir la Iglesia católica sobre todo esto?

---

[17] Patricia Snow. «The Body and Christian Burial». *Communio* 39.3, otoño de 2012, p. 12.

12. UN PERMISO RETICENTE

COMO SOY TEÓLOGO Y PROFESOR de universidad, me resulta fácil hablar en abstracto. Me encanta hablar de ideas –sean políticas, teológicas o culturales– y de lo que opinan los distintos pensadores. En cuanto me arranco con un tema es difícil callarme: ¡mis alumnos pueden dar fe de ello!

No obstante, las ideas no suelen quedarse en lo abstracto. Cuando afectan a nuestras vidas y a nuestras decisiones, así como a las vidas y a las decisiones de nuestros seres queridos, se convierten en algo personal. Y lo normal es que nos cueste dejar nuestras experiencias personales al margen de la conversación. Esto vale para mí, y me atrevo a decir que vale también para ti.

El motivo de que una parte de mí se haya mostrado renuente a escribir este libro ha sido esa costumbre tan humana de personalizar los debates. La cremación no solo ha hallado una amplia difusión en nuestra cultura en general, sino también dentro de la Iglesia. Lo que significa que, probablemente, haya alguien a quien conoces y quieres que ha escogido la cremación al final de su vida. Quizá seas tú mismo quien ha optado por ella y ya les has comunicado tu decisión a tus seres queridos o la has dejado por escrito en tu testamento. Es posible que, antes de tomar esa decisión, lo hayas hablado con un sacerdote o con un diácono y que estos te hayan dicho que estupendo: que la Iglesia ya no pone obstáculos a la cremación y que los católicos tienen luz verde para disponer de sus cuerpos como quieran.

Pero la cosa no es tan sencilla. Conviene analizar con detenimiento qué es lo que dice la Iglesia realmente acerca de la cremación y cómo ha respondido al cambio de actitud que ha vivido nuestra cultura frente a esta práctica.

Circunstancias y contexto

Antes de abordar cómo ha evolucionado a lo largo del siglo pasado la enseñanza de la Iglesia acerca de la cremación, hemos de tener claras dos cosas sobre la enseñanza de la Iglesia.

En primer lugar, y hablando en sentido amplio, la enseñanza de la Iglesia puede ser de dos tipos: doctrina de la Iglesia y disciplina de la Iglesia.

La doctrina hace referencia a las enseñanzas de la Iglesia reveladas por Dios que forman parte del depósito de la fe y que enseña el Magisterio. La naturaleza de la Santísima Trinidad, por ejemplo, es doctrina. El hecho de la Encarnación es doctrina. El misterio pascual, los sacramentos, la comunión de los santos y la naturaleza de la persona humana son doctrina. Y no pueden cambiar.

La Iglesia no tiene autoridad para decir que Dios no es trinitario, que Jesús no es el Hijo de Dios o que el sacramento del matrimonio es otra cosa distinta que la unión de por vida de un hombre y una mujer. Y no puede decirlo porque todas ellas son verdades reveladas por Dios en la Escritura y en la Tradición. La Iglesia, sencillamente, no puede cambiar un dogma. Sería como intentar cambiar la ley de la gravedad.

La disciplina, sin embargo, es otra cosa. Antes de su Ascensión al cielo, Jesús confirió a sus apóstoles la autoridad para gobernar su Iglesia. Parte de ese gobierno consiste en elaborar unas normas que ayuden de forma eficaz a la función de la Iglesia y a los hombres y a las mujeres a vivir la fe y a crecer en santidad. El Derecho Canónico de la Iglesia, sus normas litúrgicas, la exigencia del celibato sacerdotal y los preceptos del ayuno y la abstinencia pertenecen a la disciplina de la Iglesia. Al contrario que la doctrina de la Iglesia, pueden cambiar y, de hecho, cambian. La Iglesia puede adaptar su disciplina para amoldarse a las necesidades, las visiones y los retos cambiantes de cada época y cada cultura. El objetivo sigue siendo el mismo: la santidad. Pero el modo en que la Iglesia ayuda a sus hijos a alcanzar ese objetivo puede variar conforme a los tiempos.

¿Un ejemplo? La abstinencia de los viernes. Durante cientos de años la Iglesia quiso que todos los católicos se abstuvieran de comer carne los viernes. Con ese pequeño sacrificio, ofrecido el día de la semana en que recordamos la muerte de Jesús, los católicos se unían a Cristo en su Pasión. Era un pequeño acto de penitencia que los acercaba más a Él.

En 1966, el papa san Pablo VI promulgó la constitución apostólica *Paenitemini* sobre el ayuno y la abstinencia. Sin dejar de insistir en que «por ley divina todos los fieles están obligados a hacer penitencia» y en que «la abstinencia se guardará todos los viernes que no caigan en fiestas de precepto», el papa permitía a las conferencias episcopales nacionales «sustituir del todo o en parte la abstinencia y el ayuno por otras formas de penitencia, especialmente por obras de caridad y ejercicios de piedad»[1].

Es decir, los obispos de cada país tenían la posibilidad de decidir si los católicos de su nación debían abstenerse de comer carne los viernes. Podrían abstenerse de chocolate o de vino, o podrían rezar un rosario en lugar de ayunar. Y también se les autorizaba a permitir que cada uno decidiera cómo unirse a Cristo doliente los viernes que no fueran de Cuaresma. Y eso fue lo que hicieron la mayoría de las conferencias episcopales.

La razón que daba *Paenitemini* para ese cambio consistía en que, mientras que en los países ricos la abstinencia de carne suponía un acto penitente, en los más pobres era una forma de vida. Al permitir que los obispos adaptasen la penitencia exigida a las necesidades de su grey, Pablo VI estaba asumiendo la realidad cambiante del mundo católico.

Fueron muchos, sin embargo, los que no interpretaron correctamente ese cambio. Para ellos, lo que hasta 1966 había sido pecado –comer carne los viernes– dejó de serlo a partir de entonces. No entendían dónde estaba el pecado. Comer carne los viernes nunca había sido pecado: el pecado estaba en la desobediencia a la disciplina de la Iglesia. Y, una vez cambiada la disciplina, los católicos seguían obligados a obedecer, aunque de un modo distinto.

---

[1] Pablo VI. *Paenitemini,* 3 (1966).

Por lo tanto, la doctrina no puede cambiar, pero la disciplina sí. Esto es lo primero que conviene tener claro acerca de la enseñanza de la Iglesia. Y lo segundo es lo siguiente: la enseñanza de la Iglesia no se desarrolla en el vacío. No hay nada arbitrario ni en el modo ni en el momento en que el Magisterio define determinada enseñanza o dicta determinada ley. Siempre lo hace en respuesta a un problema, una necesidad, un error o una circunstancia concretas.

Eso fue lo que ocurrió en el año 325 en el concilio de Nicea, cuando los obispos de la Iglesia declararon el dogma de Jesucristo, Hijo unigénito de Dios consustancial al Padre (de la misma sustancia del Padre). Y no lo hicieron por pasar el rato, sino porque la herejía de Arrio había convencido a muchos cristianos –obispos incluidos– de que Jesús no es coeterno con el Padre, sino que ha sido creado en un momento concreto.

Eso fue lo que ocurrió también en 431 en el concilio de Éfeso, cuando los obispos declararon que es legítimo llamar a María «Madre de Dios», ya que Jesús es una Persona divina con una naturaleza humana y una naturaleza divina. Una vez más, su declaración fue la respuesta a un problema: la enseñanza herética de Nestorio según la cual en Jesús hay de alguna manera dos personas: una Persona divina y una persona humana.

Y eso es lo que ha seguido ocurriendo a lo largo de la historia. La Iglesia ha ido definiendo doctrinas y promulgando leyes en respuesta a las herejías, los desafíos y las circunstancias cambiantes de la vida de la Iglesia: desde la *Humanae vitae* de Pablo VI en respuesta al desarrollo de la píldora anticonceptiva hasta la teología del cuerpo de Juan Pablo II en respuesta a la revolución sexual y la aceptación cultural de la contracepción.

Y eso es lo que ha ocurrido también con la enseñanza de la Iglesia acerca de la inhumación y la cremación.

Línea de salida

En la época de la Iglesia primitiva, cuando la cremación seguía siendo algo habitual en el Imperio romano y los romanos paganos quemaban a los cristianos en un intento de acabar con su esperanza en la resurrección, los Padres de la Iglesia y los obispos dejaron muy claro que: 1) la cremación no es ningún obstáculo para la resurrección: Dios es capaz de resucitar nuestros cuerpos aunque nuestras cenizas estén repartidas por todos los confines de la tierra; 2) para los cristianos la inhumación es el modo más adecuado de tratar a sus difuntos. Ambos aspectos los resumía Minucio Félix en su *Octavio* con estas palabras: «No tememos daño alguno de la incineración, pero practicamos la antigua y preferible costumbre de la inhumación»[2].

Puntualización: los Padres de la Iglesia decían esto porque los romanos quemaban a los cristianos y porque quienes seguían incinerando a sus difuntos sumaban un número lo suficientemente amplio para que los obispos se vieran obligados a enseñar a los conversos el modo cristiano de hacer las cosas. Es decir, la enseñanza de la Iglesia primitiva en torno a este tema respondía a unos desafíos y a unas circunstancias concretas.

---

[2] Minucio Félix. *Octavio*, 34.

No obstante, transcurridos esos primeros siglos, los obispos de la Iglesia dejaron de escribir sobre la incineración y la inhumación porque esa necesidad había desaparecido. Nadie quemaba a los cristianos ni los cristianos quemaban tampoco a sus difuntos. Todo el mundo los enterraba. De modo que no existía la necesidad de ratificar una disciplina ya establecida.

El tema volvió a surgir –si bien brevemente– en el siglo IV cuando hubo quien se planteó el trato que debían recibir los herejes por parte de los gobiernos. En 1300, el papa Bonifacio confirmó que la cremación no era el modo de tratar a los fieles cristianos, aunque sí se permitía quemar en la hoguera a herejes y hechiceros[3].

Desde entonces no se volvió a hablar de la cuestión hasta finales del siglo XIX, cuando los francmasones italianos y los socialistas alemanes obligaron a la Iglesia a tomar cartas en el asunto.

En 1886 se modificó el Código de Derecho Canónico católico. Esto era lo que decía el nuevo canon:

> Los cuerpos de los fieles han de ser enterrados, y la cremación está condenada [...]. Las siguientes personas quedan privadas de un entierro eclesiástico, a menos que antes de morir hayan dado señales de arrepentimiento: [...] 5) las personas que han dado instrucciones para la cremación de sus cuerpos[4].

Este canon era una respuesta directa a quienes defendían la cremación con la intención de socavar a la

[3] Ver Geisler y Potter, p. 13.

[4] *Corpus Iuris Canonici,* 1203 §1; 1240 §1.

Iglesia, para quien la cremación no era el modo adecuado de tratar a los difuntos, aunque consideraba un problema aún mayor la agenda anticatólica y anticristiana de sus defensores. Por esa misma razón prohibía también la pertenencia a las sociedades de cremación, «no por ser un acto contrario al dogma, sino por ser un acto de hostilidad hacia la Iglesia»[5]. Tal y como exponía el asunto la *Enciclopedia católica* en 1908, la cremación significaba una «profesión pública de irreligión y materialismo»[6].

Cambio de recorrido

La prohibición de la cremación de 1886 siguió vigente durante setenta y siete años hasta su derogación en 1963 con la instrucción *Piam et constantem*, en la que Pablo VI reiteraba la preferencia tradicional de la Iglesia por la inhumación, junto con su también tradicional aversión hacia la cremación, explicando lo siguiente:

> La práctica reverente e ininterrumpida de enterrar los cuerpos de los fieles difuntos es algo que la Iglesia siempre se ha esforzado por alentar. Ha rodeado la práctica de ritos adecuados para resaltar más claramente el significado simbólico y religioso del entierro y ha amenazado con penas a quienes pudieran atacar la práctica sana. La Iglesia ha empleado especialmente tales sanciones frente a los ataques inspirados en el odio contra las prácticas y tradiciones cristianas por parte de aquellos que,

[5] Laqueur, op. cit., p. 530.

[6] *Catholic Encyclopedia,* art. «Cremation».

> imbuidos de la animosidad de sus sociedades secretas, intentaron reemplazar el entierro por la cremación. Esta práctica estaba destinada a ser un símbolo de la negación antagónica del dogma cristiano, sobre todo de la resurrección de los muertos y la inmortalidad del alma[7].

Pablo VI continúa explicando cómo los «ataques inspirados en el odio» que convirtieron a los difuntos en armas arrojadizas contra la Iglesia han desaparecido, al tiempo que ha aumentado el número de fieles cristianos que piden a la Iglesia que permita la cremación «por razones de salud, económicas u otras razones que involucran el orden público o privado»[8]. *Piam et constantem* es una especie de respuesta de compromiso a estas peticiones.

Por un lado, se insiste en que el entierro seguirá siendo la norma:

> Se deben tomar todas las medidas necesarias para preservar la práctica de enterrar con reverencia a los fieles difuntos. En consecuencia, mediante la instrucción y la persuasión adecuadas, los Ordinarios deben garantizar que los fieles se abstengan de la cremación y no suspendan la práctica del entierro, excepto cuando se les obligue a hacerlo por necesidad[9].

Y, al mismo tiempo, la cremación queda permitida siempre y cuando la causa que lleve a recurrir a ella no sea «la negación de los dogmas cristianos, la animosidad

---

[7] Santo Oficio. *Piam et constantem* (1963), § 3366.

[8] Santo Oficio. *Piam et constantem*, § 3366.

[9] Santo Oficio. *Piam et constantem*, § 3367.

de una sociedad secreta u odio a la religión católica y la Iglesia» y cuando a las personas «se les obligue a hacerlo por necesidad»[10].

Antes de concluir, el papa añade otro recordatorio más de la importancia del entierro: «Hay que evitar que la actitud devota de los fieles hacia la tradición eclesiástica se vea perjudicada y la actitud adversa de la Iglesia hacia la cremación ha de ser claramente evidente»[11].

Lo que no queda del todo claro es cuáles son exactamente las circunstancias que, según el papa, pueden llevar a la gente a elegir la cremación. ¿Tal vez en los países ateos o comunistas, donde el Estado obligaba a la cremación? ¿Tal vez cuando el traslado del cadáver para el entierro supusiera una carga excesiva para la familia? En cualquier caso, no parece que el papa esperase que la mayoría de los fieles empezara a optar por la incineración. No obstante, el no especificar qué circunstancias concretas permitían la cremación hizo que cualquier circunstancia la permitiera.

Como escribe Patricia Snow:

> En definitiva, a quien pide la cremación no se le pone ningún obstáculo. Sus circunstancias no tienen por qué ser excepcionales: basta con que sean las normales. Mientras no se trate de un ferviente ateo, de un masón militante o de un opositor a la enseñanza de la Iglesia –y en principio quien la pide no es nada de eso–, puede ser incinerado[12].

---

[10] Santo Oficio. *Piam et constantem*, § 3368.

[11] Santo Oficio. *Piam et constantem*, § 3370.

[12] Patricia Snow. «The Body and Christian Burial», p. 400.

Veinte años después, una vez sometido a revisión, el Código de Derecho Canónico de 1983 no se mostraba más específico, sino que se limitaba a resumir las conclusiones de *Piam et constantem*: «La Iglesia aconseja vivamente que se conserve la piadosa costumbre de sepultar el cadáver de los difuntos; sin embargo, no prohíbe la cremación, a no ser que haya sido elegida por razones contrarias a la doctrina cristiana»[13].

A lo largo de las dos décadas siguientes la Iglesia publicó otros documentos sobre el tema, como la edición en inglés de 1989 del *Ritual de exequias cristianas: reflexiones sobre el cuerpo, la cremación y los ritos funerarios católicos*, que la conferencia episcopal estadounidense publicó en 1997, o como el *Catecismo de la Iglesia católica* de 1993. Esto es lo que comenta Patricia Snow en términos generales:

> Cada uno de estos documentos insta, prefiere claramente y recomienda encarecidamente que los católicos conserven la práctica reverente e ininterrumpida (*piam* y *constantem*) de enterrar los cuerpos de los fieles difuntos. Dichos documentos permiten la cremación, aunque utilizan un lenguaje cauto e implícitamente condenatorio. La Iglesia no prohíbe la cremación; no se opone a ella siempre y cuando exista un motivo legítimo basado en razones fundamentadas; la permite en caso necesario, etc. En cada momento de esa relajación progresiva de la prohibición, la Iglesia ha aprovechado para reafirmarse en su postura tradicional y ha animado a sacerdotes y a obispos a enseñarlo así[14].

[13] Código de Derecho Canónico, canon 1176 § 3.

[14] Snow, op. cit., p. 399.

Al parecer, todas estas declaraciones cayeron en saco roto. Con el paso de las décadas, siguió aumentando el número de católicos que solicitaban la incineración, hasta el punto de que en 2013 fue la opción elegida por un tercio de ellos[15].

En 2016 el Vaticano publicó un nuevo documento relativo a la cremación, reiterando una vez más que «recomienda insistentemente que los cuerpos de los difuntos sean sepultados en los cementerios u otros lugares sagrados». Y continuaba explicando que «la inhumación es en primer lugar la forma más adecuada para expresar la fe y la esperanza en la resurrección corporal» y que «enterrando los cuerpos de los fieles difuntos, la Iglesia confirma su fe en la resurrección de la carne, y pone de relieve la alta dignidad del cuerpo humano como parte integrante de la persona con la cual el cuerpo comparte la historia»[16].

El documento explicaba también cómo «la sepultura en los cementerios u otros lugares sagrados responde adecuadamente a la compasión y el respeto debido a los cuerpos de los fieles difuntos, que mediante el Bautismo se han convertido en templo del Espíritu Santo»; cómo «la Iglesia considera la sepultura de los muertos como una obra de misericordia corporal»; y cómo la inhumación

---

[15] Catholic Advance. «Cremation Numbers Rising; Burial of a Body Still Preferred by the Church». Recuperado el 25 de septiembre de 2019 de Catholic Diocese of Wichita website: https://catholicdioceseofwichita.org/cremation-numbers-rising-burial-of-a-body-still-preferred-by-the-church

[16] Congregación para la doctrina de la fe. «Instrucción acerca de la sepultura de los difuntos y la conservación de las cenizas en caso de cremación» (2016), § 3.

favorece la oración por los difuntos y es un recordatorio perenne de la comunión de los santos:

> Mediante la sepultura de los cuerpos en los cementerios, en las iglesias o en las áreas a ellos dedicadas, la tradición cristiana ha custodiado la comunión entre los vivos y los muertos, y se ha opuesto a la tendencia a ocultar o privatizar el evento de la muerte y el significado que tiene para los cristianos[17].

Al mismo tiempo, en el documento se reconocía una tendencia prácticamente «imparable» hacia la cremación, por lo que se establecía el trato que debían recibir las cenizas de los difuntos: sencillamente, debían conservarse juntas, es decir, no se debían esparcir por el aire, la tierra o el agua, ni dividirse entre los amigos o los miembros de la familia, ni convertirse en piezas de joyería u otros artículos de recuerdo. De hecho, debían enterrarse en lugar sagrado –una iglesia, un cementerio o un columbario–, y en ningún caso conservarse en el propio domicilio. Y explicaba:

> Desde el principio, los cristianos han deseado que sus difuntos fueran objeto de oraciones y recuerdo de parte de la comunidad cristiana. Sus tumbas se convirtieron en lugares de oración, recuerdo y reflexión. Los fieles difuntos son parte de la Iglesia, que cree en la comunión «de los que peregrinan en la tierra, de los que se purifican después de muertos y de los que gozan de la bienaventuranza celeste, y que todos se unen en una sola Iglesia»[18].

---

17 Id.

18 Id., § 5.

Y esta es hoy la postura de la Iglesia. La Iglesia no aprueba la cremación, sino que la permite. Y no permite esparcir las cenizas ni conservarlas en casa: de hecho, lo prohíbe. Considera la inhumación el modo más conveniente de tratar los cuerpos de los difuntos hasta que resuciten en el último día. Y nos insta a seguir esa recomendación.

Escuchar o no lo que dice la Iglesia es importante. No por lo que vaya a ser de nuestros cuerpos –hagamos lo que hagamos, Dios se ocupará de ellos–, sino por nosotros mismos. Por la Iglesia. Por nuestra cultura.

La Iglesia insiste en que no recomienda la cremación porque no es lo conveniente: para un cristiano lo preferible es que, tras la muerte, su cuerpo sea enterrado. Pero sí permite la cremación. Y ese permiso, unido a la rápida difusión de la práctica, se ha asumido como enseñanza. En este mundo los gestos son más elocuentes que las palabras. El ejemplo vale más que mil palabras. Y eso ha generado confusión no solo acerca de lo que enseña la Iglesia sobre el entierro y la cremación, sino –aún más y sobre todo– acerca de lo que enseña la Iglesia sobre la resurrección y el propio cuerpo.

La lección sobre el cuerpo que la cremación enseña a la gente es totalmente contraria a lo que cree la Iglesia. La cremación enseña que el cuerpo es desechable. Enseña que el cuerpo no es parte integral de la persona humana. Y enseña que el cuerpo carece de valor una vez que el alma se ha separado de él: que el cuerpo sigue su curso natural y que ahí se acaba todo para él. No hay resurrección. No hay transformación. No hay glorificación.

La cremación traslada una verdad concreta acerca del cuerpo. Y el entierro traslada otra verdad distinta. Y creer en una u otra verdad tiene consecuencias en nuestra muerte, pero también en nuestra vida.

13. LA LÓGICA DEL AMOR

UNA DE LAS PALABRAS QUE he ido dejando para después capítulo tras capítulo de este libro es «conveniencia»: un término que se suele ver con frecuencia en los textos de los Padres de la Iglesia cuando lidian con los misterios de la fe. Los Padres de la Iglesia intentaban explicar ideas que en aquel momento eran totalmente nuevas y absolutamente escandalosas: un Dios que se hace hombre, un Dios que muere en una cruz, un Dios que se entrega en el pan convertido en Cuerpo.

Son misterios que, dos mil años después, tenemos tendencia a dar por sentados. Por supuesto que Dios se ha hecho hombre; por supuesto que ha muerto en la cruz para expiar nuestros pecados; por supuesto que el pan se convierte en cuerpo en la Eucaristía. Pero, en realidad, son cosas que no tienen nada de «por supuesto». Dios no tenía por qué haber hecho ninguna de ellas. La Encarnación no era necesaria. El misterio pascual no era necesario. La Eucaristía no era necesaria. De hecho, tampoco la creación era necesaria, como no era necesario que Dios creara ni en siete días ni en setenta millones de días.

La teología no tiene nada que ver con la geometría o con la física. Sus reglas son distintas. Y, cuando uno empieza a lidiar con los misterios recibidos a través de la Revelación Divina, se da cuenta de que en teología no hay nada estrictamente necesario. Todo lo que Dios ha hecho en la historia de la salvación –desde crear el mundo y hacerse hombre hasta fundar una Iglesia e instituir los sacramentos– lo ha hecho gratuitamente, por pura bondad y amor. No tenía por qué haberlo hecho. Nada de eso era necesario. Entonces ¿por qué lo hizo? ¿Cómo se explican, una tras otra, tantas verdades increíbles, desde la creación hasta la resurrección de nuestros cuerpos?

Eso era lo que los Padres de la Iglesia primitiva tenían que descubrir.

Una catequesis distinta

Desde hace mil años hasta hoy, los teólogos lo hemos tenido muy fácil. No ha habido que inventar nada desde cero para hacer comprensible lo incomprensible. Ya lo hicieron por nosotros los Padres de la Iglesia. Nosotros caminamos a hombros de gigantes. Ellos pisaban sobre un terreno nuevo. Tuvieron que lidiar con verdades que la humanidad ni siquiera había llegado a imaginar e idear modos de ayudar a la gente a entender esas verdades.

Y lo que idearon más de una vez fueron argumentos de conveniencia. Si ninguno de los actos de Dios en el tiempo era necesario –razonaron–, al menos debían ser convenientes. De ahí el uso del término *conveniens*, en el sentido de lo que es apropiado, adecuado o congruente. Es decir, que lo que Dios obra en la economía de la salvación refleja quién es Dios; o, por enunciarlo de un modo aún más sencillo, que Dios es congruente: actúa conforme a su naturaleza. Todo lo que Dios obra en el tiempo responde a una lógica interna que nace de quién es Dios en la eternidad. Y, como Dios es amor, esa lógica es la lógica del amor.

Los Padres de la Iglesia empleaban esta manera de hacer teología para ayudar a la gente a entender las verdades más hondas acerca de Dios: acerca de quién es Dios y por qué ha hecho lo que ha hecho en la historia de la salvación. Mostraban cómo esa lógica del amor esclarecía misterios como los de la Trinidad y la Encarnación. Lo que no hacían, sin embargo, era trasladarla a la moral. Lo cierto es que no era necesario. Tanto los diez mandamientos como la ley moral recogida en pasajes bíblicos como el del sermón de la montaña se consideraban perfectamente claros. No existía la necesidad de convencer a la mayoría de los cristianos de que el aborto, la homosexualidad, el robo o la mentira no estaban bien.

Cosa que no ocurre hoy en día. El modernismo y el posmodernismo han minado nuestra creencia colectiva tanto en la ley natural como en la ley moral. Y han minado también la cultura surgida hace mucho tiempo de un pueblo que creía en la resurrección de Cristo y en la nuestra. De ahí que un buen número de escritores y teólogos católicos aboguen por recurrir a la estrategia de los Padres de la Iglesia y retomar los argumentos de conveniencia. Solo que ahora no los empleamos únicamente para ayudar a entender quién es Dios y por qué ha hecho lo que ha hecho, sino para entender también quiénes somos nosotros y cómo hemos de vivir en este mundo.

Esa es la clase de catequesis que he intentado practicar en este libro. Hemos analizado qué es la vida y qué es la muerte, qué es el cuerpo y para qué lo ha creado Dios. Hemos analizado también qué nos dicen las Escrituras y la historia de la Iglesia acerca de la muerte, la resurrección y la dignidad del cuerpo. Y, a partir de ahí, hemos visto por qué enseña la Iglesia lo que enseña acerca de la cremación y la inhumación: que la primera no impide la resurrección –y por eso está permitida–, pero que la segunda refleja de un modo más pleno la verdad sobre el cuerpo y el destino que lo aguarda –y por eso se recomienda–.

Este método catequético no es aplicable exclusivamente a la inhumación, sino a cualquier aspecto de la existencia del hombre: a la vida de familia y a la moral sexual, a la comida y a la bebida, a los negocios y a la economía, a la política y a la liturgia, a la música y al deporte. Podemos contemplar la vida entera a la luz del amor de Dios y discernir las respuestas más convenientes a ese amor en cualquier ámbito de la vida.

Y no solo podemos, sino que debemos hacerlo. Dios no quiere que dejemos nuestra fe al margen de nuestro día a día. Quiere que nuestra fe transforme cada uno de los aspectos de nuestras vidas: todo lo que hacemos con nuestros cuerpos, todo lo que hacemos en este mundo. Y la misma lógica del amor que nos ayuda a entender quién es Dios y qué ha hecho en la historia de la salvación puede ayudarnos a entender todo lo que enseña la Iglesia en relación con la moral y las virtudes. En un mundo que ha perdido sus referencias y al que ya no convencen los argumentos de autoridad, pueden resultar mucho más eficaces los argumentos de conveniencia, los argumentos basados en la lógica del amor.

El amor de Dios se ha abajado y ha llegado mucho más allá de lo que somos capaces de imaginar. Cuanto más meditemos sobre el amor de Dios, cuanto más luchemos por imitarlo y cuanto más vivamos en él, mejor podrán descubrir los demás cómo ese amor también los envuelve a ellos. Este libro se centra en una única y pequeña enseñanza que cobra sentido a la luz del amor de Dios. Pero podríamos llenar una biblioteca entera con lo que queda por decir sobre el tema.

Un puente sagrado

Pero volvamos al tema que nos ocupa: el del cuerpo.

Como hemos visto y vengo repitiendo, un ejemplo vale más que mil palabras. Las personas hacen lo que ven. De modo que, si queremos que entiendan estas verdades acerca del cuerpo, de la persona humana y de nuestro destino eterno, si queremos que crean en esas verdades y las vivan, tenemos la responsabilidad de enseñárselas con el ejemplo. Hemos de hacer exactamente lo mismo que hace ya tiempo se propusieron hacer los revolucionarios franceses y los francmasones, pero con la intención totalmente opuesta.

Los enemigos de la Iglesia pensaban que incinerando los cuerpos lograrían acabar con la fe de la gente en la resurrección e incluso con la propia fe católica. Y no se equivocaban. No obstante, con ayuda de la gracia es posible revertir el curso de las cosas. Enterrando nuestros cuerpos, tratándolos con respeto, con reverencia y con agradecimiento, podemos ayudar a la gente a recobrar la fe en la resurrección, la dignidad del cuerpo, la dignidad de la persona y el amor paternal de Dios.

Los católicos suelen acusar a nuestra cultura de ser demasiado materialista. En realidad, el problema está en que la cultura no es lo bastante materialista. Subestimamos la materia. Subestimamos el modo en que Dios actúa a través de lo físico para llegar a lo espiritual. Y, sobre todo, subestimamos el cuerpo.

Vivimos en un mundo en el que el cuerpo se considera básicamente una de estas dos cosas: una carga o una barrera. Lo vemos como una carga porque ese cuerpo enferma, envejece y muere. No nos deja ser todo lo fuertes, todo lo rápidos y lo atractivos, todo lo fértiles o lo no fértiles que querríamos ser; nos condiciona de mil modos distintos y nos impide vivir la vida que pensamos que deberíamos vivir.

Y, al mismo tiempo, vemos el cuerpo como una barrera o como un límite. Nos cuesta comunicar a los demás quiénes somos realmente y nos cuesta entender quiénes son realmente los demás. Anhelamos la comunión, pero no sabemos darnos como es debido ni recibir el don del otro. Nos sentimos acorralados en nuestro propio cuerpo y ansiamos el día en que nos veamos libres de él.

La Iglesia, sin embargo, nos propone otra manera de ver el cuerpo: nos propone verlo como un puente.

Nuestro cuerpo no es la barrera que impide que los demás nos conozcan, sino el puente que les *permite* conocernos. Con sus palabras y sus gestos, con sus expresiones faciales y sus acciones, nuestros cuerpos comunican al mundo las verdades invisibles acerca de nosotros mismos. Nos dan a conocer en el tiempo y en el espacio. Nos permiten servir a los demás y que los demás nos sirvan a nosotros.

Por otro lado, nuestros cuerpos permiten a los demás descubrir algo acerca de Dios. El cuerpo de cada persona, creada a imagen de Dios, expresa una honda verdad sobre quién es Dios. Su capacidad de crear y de dar amor es reflejo de un Dios Creador, dador de todos los dones y Él mismo amor. Y su capacidad de traer nuevas vidas al mundo es reflejo de un Dios que, desde toda la eternidad, es amor que da vida.

Todo en nuestro cuerpo –su belleza, su fuerza, su delicadeza, su resistencia, su viveza, su gracia, su capacidad de dar vida– refleja la verdad acerca de quiénes somos nosotros y acerca de quién es Dios. Es el puente a través del cual se hace visible lo invisible y lo eterno se hace temporal. Dios vino a nosotros entrando en el tiempo y asumiendo un cuerpo. La gracia viene a nuestras almas a través de nuestro cuerpo. Y la gracia llega al mundo a través de nuestros cuerpos: de nuestras manos, nuestros pies, nuestros ojos y nuestra boca. El amor de Dios, la bondad de Dios, la misericordia de Dios y el cuidado de Dios se manifiestan en el mundo a través de nuestro amor, nuestra bondad, nuestra misericordia y nuestro cuidado.

Nuestros cuerpos tienen cada día la capacidad de transmitir al mundo las verdades más importantes acerca de Dios y del hombre. Incluso en la muerte hablan de quiénes somos. Dan testimonio de nuestra fragilidad y de nuestra necesidad de Cristo. Y también nos recuerdan que hay algo más. El destino del que descansa ya tras la muerte no es descansar para siempre. El sinsentido que experimentamos ante el cuerpo de una persona que acaba de morir nos ayuda a entender que la muerte no es el final. Tiene que haber algo más. Y, cuando somos consecuentes, cuando tratamos al cuerpo como lo que es y como lo que fue en vida, cuando lo enterramos en lugar de incinerarlo, continúa hablándole al mundo de la dignidad de la persona y del increíble destino que nos aguarda en el último día.

De vuelta a casa

El mes de agosto pasado salí de viaje para participar en un congreso. Hacia medianoche, ya de vuelta en el hotel, llamé a Kimberly, mi mujer, para saber qué tal estaba. Después de contarle cómo me había ido el día, le pregunté por el suyo.

–Pues… estoy en urgencias –me dijo–. Tenía algunos dolores y me están haciendo pruebas.

Hay que conocer a Kimberly para entender por qué tardó tanto en soltarme semejante bomba: es la mujer más fuerte que conozco y no se inmuta por nada. No como yo. De modo que me asusté y me puse a buscar algún vuelo que me llevara de vuelta a casa lo antes posible. No levanté cabeza hasta que llegué al hospital al día siguiente.

Resultó que era un tema de cálculos biliares y el cirujano de urgencias dio cuenta de ellas. Nada serio, en realidad, pero yo me llevé el susto de mi vida. En ese momento estaba redactando el borrador de este libro, así que, por desgracia, en mi cabeza la muerte se hallaba más presente de lo normal.

A día de hoy sigo sin poder soportar la imagen de Kimberly en una cama de hospital y no dejo de pensar lo maravilloso y lo querido que es para mí cada centímetro de su cuerpo. La idea de quemarlo, de permitir que sufra el más leve daño, aunque el alma ya lo haya abandonado, me parece una absoluta locura. Es el cuerpo de mi esposa. Es el cuerpo que ha acogido a mis seis hijos, y a otros tres más que perdimos, igual de queridos. Solo por eso es un lugar sagrado, y quemarlo me resulta inconcebible.

Más allá de las razones teológicas que justifican la Asunción de María al cielo, existe una razón totalmente humana por la que Jesús jamás habría permitido que el cuerpo de su madre se corrompiera. Fue su hogar durante nueve meses. Y uno no quema su casa por el mero hecho de haber dejado de vivir en ella.

Cuando recibimos la Eucaristía, cada uno de nosotros tenemos dentro de nosotros a Jesucristo en cuerpo y alma, igual que María. Físicamente no se queda mucho tiempo: veinte minutos a lo sumo. Pero, mientras sigamos en gracia, su Espíritu permanece. Y nuestros cuerpos ya no son los mismos. El cuerpo en gracia siempre es un templo. Y el cuerpo que ha recibido la Eucaristía es además el hogar de Cristo.

Cuando pienso en esto, me acuerdo siempre de mi abuela y de todo lo que no dije ni durante la homilía de su funeral hace ya tiempo ni mientras la traté en vida. Me gustaría poder retroceder, abrazarla tan solo una vez más y pedirle perdón. Nunca valoré el regalo que era mi abuela, el misterio que representaba, el misterio que somos todos.

Cada uno de nuestros cuerpos ha sido creado para la vida. Hemos sido creados para un destino, para una gloria de la que todas las palabras de este libro solo son capaces de proporcionar un leve indicio. Y no los valoramos lo suficiente. No los valoramos como es debido. Damos culto al cuerpo cuando en realidad deberíamos venerarlo. Intentamos controlarlo cuando deberíamos cuidarlo. Le guardamos rencor cuando deberíamos alabar a Dios cada minuto del día por habérnoslo dado.

Como nos recuerdan los cuerpos de los santos que obran milagros, la gracia sobrevive a nuestros cuerpos. Igual que las iglesias de las que se retira el sagrario, el cuerpo sigue siendo el lugar donde se encuentran el cielo y la tierra, el tiempo y la eternidad. Y conserva la capacidad de que vuelvan a encontrarse en él.

¿Está permitido incinerar el cuerpo? Sí, está permitido. Pero cuando se entiende qué es el cuerpo, qué hace y para qué está hecho, cuando ves el cuerpo como lo que realmente es aquí y ahora y como lo que realmente será, te resulta inconcebible incinerarlo.

Y esta no es toda la verdad acerca del cuerpo. Si profundizamos en nosotros mismos, en nuestro mundo y en las verdades de la Revelación a la luz de la Escritura, de la Tradición y de la fe, nos quedamos atónitos. Creemos conocer los misterios de la fe, pero ni juntando a todos los teólogos que han escrito desde la venida de Jesús llegaríamos siquiera a arañar la superficie de la verdadera gloria que esos misterios encierran. Queda mucho más que ver, mucho más por comprender; y en esta época de escándalos y de desafecto que atraviesa la Iglesia, pedir a Cristo que nos ayude a penetrar más hondo en las verdades de la fe es el mejor antídoto que conozco contra la tentación de perderla.

Si mantenemos los ojos abiertos en medio de la oscuridad, se acostumbrarán a ella y veremos más de lo que esa oscuridad esconde. Y lo mismo se puede decir de la luz. Si abrimos bien los ojos a la luz, aumenta nuestra capacidad de ver todo lo que esa luz toca. Y cuanto mejor vemos cómo la luz de Cristo ilumina la vida entera, más capaces somos de vivir conforme a ella, de ser transformados por ella y de reflejarla.

Jesús pasó tres años predicando y sanando a la gente en Judea y en sus alrededores. Pero también pasó treinta años jugando y trabajando, comiendo y durmiendo en Nazaret. No dedicó esos treinta años a esperar el momento de iniciar la obra de redimir el mundo, sino que estuvo redimiendo el mundo. Estuvo redimiendo el mundo de un modo que no somos capaces de imaginar, y lo hizo con su trabajo corriente de carpintero, con la rutina corriente de una familia, con las oraciones corrientes de un judío del siglo I.

Saber esto debería hacernos frenar en seco. Debería obligarnos a repensar todo lo que hacemos con estos cuerpos nuestros. Debería llevarnos a reflexionar de nuevo sobre el poder, la belleza y la gloria de las vidas que estamos viviendo. Y debería recordarnos también que la belleza y las glorias de esta vida, la belleza y las glorias de este cuerpo, no les llegan a la suela del zapato a la belleza y a las glorias de lo que nos espera en la vida futura. Esa es la vida que esperamos. Es la vida para la que hemos sido creados. Es la vida que es plenitud de vida.

EPÍLOGO
LA HORA DE NUESTRA MUERTE

La publicación de este libro estaba prevista para la Pascua de 2020. Emily y yo estuvimos trabajando en él todo el verano de 2019, acabamos las últimas correcciones en Navidad y el 28 de febrero de 2020, una semana antes de la fecha programada para su impresión, grabé un espacio del programa de televisión *Franciscan Presents* en el que hablaba de él. Días después empezó a extenderse por Estados Unidos el coronavirus conocido como COVID-19. Y entonces detuvimos la impresión.

Nunca había hecho algo así con ninguno de mis libros. Pero no quería que este en concreto cayera en manos de la gente, todavía estremecida tanto por la rápida expansión del virus como por los cambios sociales que la siguieron, sin añadir unas cuantas ideas finales. Y es que para muchos de nosotros la muerte acababa de convertirse en algo mucho menos abstracto y la vida en algo mucho más incierto.

En muchos sentidos, la situación que atraviesa nuestro mundo carece de precedentes. En otros, sin embargo, resulta sobradamente conocida.

Estoy pensando, claro está, en el 11 de septiembre de 2001. Aún recuerdo la conmoción y el dolor que sentí mientras veía caer las Torres Gemelas. Y recuerdo también la incertidumbre de los días que vinieron después. En ese momento ignorábamos si y cuándo acabarían los ataques. No sabíamos qué más le tenían reservado los terroristas a nuestra nación. Solo sabíamos que en el espacio de unas pocas horas miles de compatriotas nuestros estadounidenses habían sufrido una muerte atroz. Y estábamos aterrados.

Para muchos de nosotros el 11-S supuso un toque de atención: un recordatorio de que nuestras cómodas y sólidas vidas pueden llegar a su fin en un instante, que solo nos separa un paso de la muerte y que en este mundo no hay nada seguro, y menos aún el mañana.

Poco después de la caída de las Torres, Kimberly y yo nos reunimos con nuestros hijos para rezar juntos. También ellos, igual que nosotros, intentaban entender lo ocurrido. Hannah, que acababa de cumplir trece años, me hizo esta pregunta:

–Papá, dime la verdad: ¿vamos a morir todos?

–Sí –contesté–. El cien por cien. Sin ninguna duda.

Mis hijos se quedaron mirándome perplejos. Hice una pausa antes de continuar:

–Todo el mundo va a morir, Hannah. Pero no creo que sea hoy –Y añadí–: Lo verdaderamente importante, la pregunta que hay que hacerse *no* es si vamos a morir, sino si estamos preparados para morir.

Cuando acabamos de rezar, redirigí la conversación hacia la pregunta de Hannah y les expliqué que nuestra tasa de mortalidad es del cien por cien, pero que también es del cien por cien nuestra tasa de inmortalidad. La muerte no es el final. Para nadie. Cualquiera que haya vivido sigue viviendo en un estado u otro: en estado de gracia o en estado de desgracia.

Luego recordé una cita de «La individualidad del alma», un sermón de san John Henry Newman:

> Esos millones y millones de seres humanos que alguna vez pisaron la tierra y vieron la luz del sol existen, todos, en este preciso momento. Creo que me concederéis que no somos conscientes de esto como deberíamos. Todos esos cananeos a los que mataron los israelitas, cada uno de ellos está ahora en algún lugar del universo, ahora, en este momento, en el lugar que Dios le ha asignado[1].

No sé qué impacto tuvo en ese momento en mis hijos el sermón de Newman, pero yo aún sigo conservando esa imagen de una muchedumbre de seres humanos: desde Adán y Eva y los hombres y mujeres que murieron el 11-S hasta quienes continúan muriendo mientras escribo, víctimas de un virus terrible que literalmente te quita el aliento. Cuando veo las noticias, no puedo dejar de pensar en todos ellos, en los que siguen viviendo, en los que siguen aguardando, en los que siguen esperando –con miedo o con esperanza– el Último Día.

De la maldición a la bendición

Una vez muertos, la línea divisoria entre la esperanza y el miedo es infranqueable. A la espera del Juicio Final, todo el que ha muerto sabe qué será de él en ese momento. Sabe si su cuerpo resucitará a la muerte o a

[1] John Henry Newman. «Sermón 6: La individualidad del alma». *Sermones parroquiales/4.* Madrid, Encuentro, 2010, p. 125.

la vida. Quienes esperan, esperan con absoluta certeza. Quienes temen, temen con idéntica certeza. Todos saben qué eligieron libremente en vida –el cielo o el infierno– y todos saben que el tiempo de elegir algo distinto llegó a su fin. Cristo Juez ha decretado su destino, y ese destino está sellado.

Aquí y ahora, sin embargo, sí podemos salvar ese abismo entre la esperanza y el miedo. No hemos de temer el final de esta vida terrenal. No hemos de vivir aterrados por lo que viene después de cerrar los ojos por última vez. Por mucho que nos hayamos alejado de Dios, por muchas elecciones que hayamos hecho contrarias a Él y a sus caminos, aún estamos a tiempo de elegir otra cosa. Como el hijo pródigo, podemos volver a la casa del Padre, sabedores de que nos recibirá con los brazos abiertos y transformará nuestro miedo a la muerte en esperanza de vida.

Es natural que tengamos miedo a la muerte. No hemos sido creados para ella. Hemos sido creados para la vida.

No obstante, Jesús vino a salvarnos de nuestro miedo a la muerte. Su amorosa obediencia en la cruz expió nuestros pecados y abrió las puertas del cielo a todos los que le siguen. Y al mismo tiempo cambió también el significado de la muerte para quienes están unidos a Él. Jesús «transformó la maldición de la muerte en bendición», haciendo de la muerte la puerta que conduce a la vida eterna junto a Dios (CCE 1009).

Citando a san Pablo, explica el Catecismo:

> Gracias a Cristo, la muerte cristiana tiene un sentido positivo. «Para mí, la vida es Cristo y morir una ganancia»

> […]. La novedad esencial de la muerte cristiana está ahí: por el Bautismo, el cristiano está ya sacramentalmente «muerto con Cristo», para vivir una vida nueva; y si morimos en la gracia de Cristo, la muerte física consuma este «morir con Cristo» y perfecciona así nuestra incorporación a Él en su acto redentor (CCE 1010).

Es decir, para quienes mueren en la gracia de Cristo la muerte no es un acto solitario: es «una participación en la muerte del Señor»; y, cuando morimos con el Señor, resucitamos con el Señor: participamos en su resurrección (CCE 1006).

Esta participación lo cambia todo. Así nos lo recuerda la liturgia de la Iglesia: «La vida de los que en ti creemos, Señor, no termina, se transforma», escuchamos decir al sacerdote en los funerales. «Al deshacerse nuestra morada terrenal, adquirimos una mansión eterna en el cielo».

Cuando uno sabe que la muerte no es el final, cuando sabe que la muerte no es más que el inicio de la felicidad eterna, de la vida eterna y de la comunión eterna con Aquel a quien ama, la esperanza acaba con el miedo y lleva a anhelar la muerte. Lleva a anhelar estar con Cristo en un mundo donde no existen el sufrimiento, ni el dolor, ni la pérdida. Por eso san Francisco oraba así:

> Y por la hermana muerte: ¡loado mi Señor!
> Ningún viviente escapa a su persecución;
> ¡ay si en pecado grave sorprende al pecador!
> ¡Dichosos los que cumplen
> la voluntad de Dios!
> ¡No probarán la muerte de la condenación! (CCE 1014).

Saber que la muerte no es el final nos lleva también a anhelar algo más. Nos lleva a anhelar compartir con los demás nuestra esperanza.

Preparando el camino

Si mi vida sigue su curso natural, dejaré este mundo antes que mis hijos y, probablemente, también antes que Kimberly. Deseo estar con Cristo. Pero también deseo estar con ellos. Deseo que todos experimentemos juntos el gozo de la visión beatífica. Ese deseo –el de reunirnos todos en el cielo, con una vida plena, en cuerpo y alma– ha configurado toda mi vida: la clase de esposo y de padre que soy, el trabajo que hago, mi oración…: todo.

Procuro amar a mi mujer de tal modo que los dos podamos decir sí, libre y gozosamente, a todo lo que Cristo nos pide. Intento amar a mis hijos de forma que a través de mí experimenten el amor del Padre, y que esa experiencia los lleve a confiar más en Él. Doy clases, escribo y hablo con la esperanza de que mis alumnos del mundo entero algún día se sienten conmigo a la mesa del Cordero. Y día tras día, hora tras hora, pido la gracia de estar preparado para reunirme con Jesús cuando Él me llame a su morada. Pido también por las almas de mis amigos y de mis seres queridos, tanto por los vivos como por los difuntos.

Es justo lo contrario de cómo nos dice el mundo que vivamos. El mundo nos dice que comamos y bebamos, que mañana moriremos. Para el mundo la muerte es el final: lo que hay tras ella es solo la oscuridad. La Iglesia, sin embargo, nos dice que amemos, que nos sacrifiquemos, que sirvamos y oremos para poder vivir mañana. Ve la muerte más bien como un principio, no como un final, y nos anima a permanecer en la gracia de Cristo y a pedirle las gracias necesarias para hacerlo. También nos anima a acudir a los santos –a quienes ya tienen la vida que nosotros anhelamos– y a implorar sus oraciones. Dice el Catecismo:

> La Iglesia nos anima a prepararnos para la hora de nuestra muerte («De la muerte repentina e imprevista, líbranos Señor»: *Letanías de los santos*), a pedir a la Madre de Dios que interceda por nosotros «en la hora de nuestra muerte» (Avemaría), y a confiarnos a san José, patrono de la buena muerte (CCE 1014).

Pero no se trata solo de nosotros, de nuestra alma y de nuestra muerte. La Iglesia nos anima a esperar y a orar por los que ya se han ido. Nos pide que no demos por hecho que nadie ha entrado directamente en el cielo, sino que oremos por todos a Dios con amorosa confianza.

Nuestras oraciones y sacrificios por quienes nos han dejado tienen una eficacia real. Son capaces de aportar bienestar y consuelo a los que padecen la purificación que tiene lugar en el purgatorio y de poner fin a esa purificación, ayudándoles a experimentar por fin la mirada amorosa del Padre. Como dice el Catecismo,

> Esta enseñanza se apoya en la práctica de la oración por los difuntos, de la que ya habla la Escritura: «Por eso mandó [Judas Macabeo] hacer este sacrificio expiatorio en favor de los muertos, para que quedaran liberados del pecado» (2Mc 12, 46). Desde los primeros tiempos,

> la Iglesia ha honrado la memoria de los difuntos y ha ofrecido sufragios en su favor, en particular el sacrificio eucarístico para que, una vez purificados, puedan llegar a la visión beatífica de Dios. La Iglesia también recomienda las limosnas, las indulgencias y las obras de penitencia en favor de los difuntos (CCE 1032).

Esas oraciones son un consuelo también para los que seguimos aquí. «No os aflijáis como los que no tienen esperanza», recuerda san Pablo a la comunidad cristiana en la primera carta a los tesalonicenses. No les dice que no se aflijan. Sentir pena es normal: se trata de una emoción natural al hombre. Queremos estar junto a nuestros seres queridos, y es lógico que nos aflijamos cuando nos dejan. Pero, si nos afligimos, lo hacemos confiados. Nos afligimos confiados en que se aferraron a Cristo hasta el final o en que al final lo eligieron a Él. Nos afligimos confiados en que nuestras oraciones por los fieles difuntos pueden ayudarles en su camino hacia la casa del Padre. Y nos afligimos confiados en que volveremos a encontrarnos, compartiendo la dicha, la paz y la vida que se nos ha prometido a todos en el cielo.

Nunca se insistirá bastante en lo importantes que son nuestras oraciones por los fieles difuntos: importantes para ellos y para nosotros. Cuando la pena atenaza nuestros corazones, cuando anhelamos reunirnos con nuestros seres queridos, tenemos el consuelo de saber que podemos hacer algo, aquí y ahora, para ayudar a quienes hemos amado y están pasando por la purificación final del purgatorio.

Hayan muerto o no en comunión visible con la Iglesia, hayan sido o no enterrados conforme a lo que pide la Iglesia, podemos seguir ayudándolos. Podemos ofrecer por ellos sacrificios grandes y pequeños, rezar el rosario y ganar indulgencias. Y podemos visitar el cementerio y orar por ellos. También podemos rezar antes o después de cada comida la oración tradicional de la Iglesia por los difuntos: «Que las almas de todos los fieles difuntos, por la misericordia de Dios, descansen en paz».

Y, sobre todo, podemos ofrecer misas por los que nos han dejado.

El poder de la misa

No hay oración más poderosa que la misa, y no hay mejor manera de demostrar nuestro amor a los difuntos que ofrecer una misa por ellos. Eso es lo que la Iglesia enseña desde siempre y esa es la práctica tradicional de los fieles. Ya en el siglo VI decía el papa san Gregorio Magno:

> Cuánto aprovecha a las almas el sacrificio de la sagrada ofrenda eucarística, cuando incluso los espíritus mismos de los muertos la solicitan a los vivos y les muestran señales con las que hacerles ver que han sido perdonados gracias a ella[2].

San Gregorio continúa narrando la historia de un sacerdote anciano a quien todos los días servía en los baños un misterioso desconocido. Un día el sacerdote

---

[2] Gregorio Magno. *Vida de san Benito y otras historias de santos y demonios. Diálogos*, libro IV, 57, 7. Madrid, Trotta, 2010, p. 270.

quiso agradecerle sus servicios ofreciéndole pan. Pero el desconocido, después de rechazarlo, le explicó que, antes de morir, esos baños habían sido de su propiedad, y que ahora su castigo por haber maltratado a la gente consistía en servir a quienes acudían allí.

> «Si quieres ayudarme», le dijo al sacerdote, «ofrece este pan a Dios todopoderoso por mí, para interceder por mis pecados. Y entonces sabrás que has sido escuchado, cuando vengas a bañarte aquí y ya no me encuentres»[3].

Y, nada más pronunciar estas palabras, desapareció de su vista. El bondadoso anciano pasó toda la semana siguiente rezando por aquel hombre y ofreció por él una misa diaria. Siete días después, cuando volvió a los baños, no halló ni rastro del desconocido: le habían levantado el castigo y estaba con Dios.

Gregorio cuenta también la historia de Justo, un monje que murió repudiado por su comunidad. Cuando su hermano, también monje, acudió a él para preguntarle qué se podía hacer por Justo, Gregorio ordenó ofrecer una misa diaria por el monje difunto durante treinta días, transcurridos los cuales Justo «se le apareció en sueños a su hermano Copioso –escribe Gregorio–. Este, al verlo, le preguntó: "¿Qué hay, hermano? ¿Cómo estás?". Y aquel le respondió: "Hasta este momento he estado mal, pero ahora ya estoy bien, pues hoy mismo he recibido la comunión"»[4].

---

3 Id., p. 269.

4 Id., p. 269.

Hoy en día muchas órdenes religiosas siguen conservando la costumbre de ofrecer por los difuntos treinta misas que se conocen como «misas gregorianas». En las parroquias de todo el mundo se ofrecen misas por los difuntos, aunque el descenso del número de fieles ha traído consigo un número menor de misas por los que nos han dejado.

Revitalizar esta costumbre en nuestras familias y en nuestras comunidades es probablemente lo más importante y eficaz que podemos hacer para ayudar a nuestros difuntos. No olvidemos que nuestro amor y la honra que les debemos no acaban en el momento del entierro, sino que persisten cada día de nuestra vida hasta que, si Dios quiere, nos reunamos con ellos.

Los primeros cristianos –nuestros padres y nuestras madres en la fe–, lejos de temer a la muerte, la esperaban. Muchos se lanzaron a ella sin esperar otra cosa que el inicio de lo que C. S. Lewis llamaba «el Capítulo Primero de la Gran Historia, que nadie en la tierra ha leído; que nunca se acaba; en la cual cada capítulo es mejor que el anterior»[5].

Muchos suelen referirse al Evangelio e incluso a la historia de la salvación como «la mayor historia jamás contada». Pero no lo es. En realidad, no es más que el prólogo. O una obertura. Lo que viene después de la vida, cuando los bienaventurados alcancen la visión beatífica y contemplen en los ojos del Padre la historia de su vida, de las vidas de todos, esa será la mayor historia jamás contada, la historia de la que forma parte

[5] C. S. Lewis. *La última batalla*. Santiago de Chile, Andrés Bello, 1989.

cualquier historia, la historia que da sentido a todas las historias, la historia que hemos esperado escuchar durante toda nuestra vida.

Los cristianos estamos llamados a imitar aquí y ahora a esos primeros cristianos. Tal vez corramos hacia la muerte en un anfiteatro, o tal vez en la sala de un hospital. Pero lo que es seguro es que estamos llamados a desterrar el miedo a la muerte y a vivir esperanzados. Estamos llamados a confiar en que volveremos a ver a los seres queridos que se fueron; en que algún día descansaremos junto a ellos en brazos del Padre.

Y estamos llamados también a esperar en el Dios que tomó el mayor mal cometido jamás –la crucifixión del Señor– y lo convirtió en el mayor bien que este mundo ha conocido nunca: la redención de la humanidad. Si Dios es capaz de obtener tanto bien, tanta gloria, tanta belleza y tanta vida de un mal como ese, es capaz sin duda de obtener bien, gloria, belleza y vida del mal al que nos enfrentamos hoy.

Lo que nos sostendrá de aquí en adelante es la esperanza, que hará posible que seamos felices en el momento presente, sea cual sea el dolor que nos aflige.

Insisto: la muerte no es el final. Hemos sido creados para la vida. Hemos sido creados para la felicidad. Y esa vida y esa felicidad las tenemos ya en Cristo. Aunque es la muerte la que trae consigo la plenitud de la felicidad y la vida, podemos vivir en ellas ya, aquí y ahora. Incluso en medio del dolor. Incluso en medio de la guerra. Incluso en medio de las epidemias, la pobreza y el caos. Si vivimos en Cristo, no tenemos por qué temer los terrores de este mundo: no pueden matar la vida que llevamos dentro. No pueden privarnos de nuestra felicidad. No pueden robarnos la esperanza que nos llena: la esperanza en la vida eterna.

«¿Dónde está, muerte, tu aguijón?».

1 Corintios 15, 55

SCOTT HAHN
19 de marzo de 2020
Solemnidad de san José,
Patrono de la Buena Muerte

ESTE LIBRO, PUBLICADO POR
EDICIONES RIALP, S. A.,
MANUEL URIBE, 13-15, 28033 MADRID,
SE TERMINÓ DE IMPRIMIR
EN ESTILO ESTUGRAF, S. L.,
CIEMPOZUELOS (MADRID),
EL DÍA 14 DE FEBRERO DE 2025.